꿈꾸는 엄마가 기적을 만든다

_______________ 님께

엄마는 희생의 아이콘이 아니라 꿈의 아이콘입니다.

_______________ 드림

세 자녀를 미국 명문대 200만 달러 장학생으로 키운
'황경애식 자녀 교육'

꿈꾸는 엄마가 기적을 만든다

황경애 지음

KOREA.COM

목
차

PART 3.
언제나 목표는 '최고'가 아니라 '최선'

PART 4.
올바른 세계관이 올바른 삶으로 이끈다

PART 5.
인종을 넘어 글로벌 마인드로 자녀 키우기

PART 6.
넘어졌을 때 배우는 '일어서는 법'

EPILOGUE

PROLOGUE

휩쓸려 갈 것인가, 꿈을 향해 나아갈 것인가

'200만 달러 장학생의 어머니.'

사람들은 나를 그렇게 부른다.

나의 세 자녀가 대학에 다니면서 받은 장학금을 모두 합치면 200만 달러다. 세 아이는 모두 미국에서도 명문으로 꼽히는 하버드대학교와 보스턴대학 출신이다.

미국에서도 이런 경우는 '놀라움'을 넘어서 '기적'이라고 부른다. 아무리 대단한 집안이라도 이렇게 자녀 모두가 좋은 학교에 들어가기는 어렵다. 더구나 자녀 모두가 대학교 전액 장학금을 받았고, 그들이 받은 장학금을 모두 합하면 200만 달러나 된다는 것은 쉽게 믿을 수 없는 일일 것이다.

첫째 딸은 보스턴대학을 나와 외교관 사관학교라 불리는 프레처스쿨에서 석사학위를 받았고, 지금은 미 국무성에서 근무 중이다. 둘째인 아들은 보스턴대학에 들어가 미국 정부에서 뽑아 키우는 외교관 특별 프로그램의 대상자로 선정되어, 전 세계를 돌며 외교관 수업을 받았고 하버드대학원에서 석사학위를 받았다. 보스턴 시의원 선거와 시장 선거캠프에서 일한 경력을 토대로 최근에는 총선 격인 매사추세츠 주지사 선거캠프에서 일하며 정치 감각을 익히고 있다. 막내딸은 하버드대학교를 졸업하여 세계를 마음에 품고 한국에 들어와 비전을 키우고 있다.

그러나 이러한 타이틀보다도 더 기특한 것은 이들이 꿈을 꾸고 꿈을 이루기 위해 차근차근 길을 만들어 나아갔다는 것이다. 엘리베이터를 탄 것처럼 쉽게 올라간 것이 아니고, 넘어지고 상처받으면서도 포기하지 않고 꿈을 향해 나아갔다. 결코 유복한 환경에서 자라지 않은 우리 아이들은 구멍 난 운동화를 신고도 도전을 멈추지 않았다.

사람들은 그런 아이들을 키운 엄마의 이야기를 듣고 싶어 했다. 어떻게 키웠기에, 무엇을 가르쳤기에 자녀들이 그런 성취를 이룰 수 있었는지 진지하게 귀를 기울였다. 그들은 내게 '자녀 교육 전문가'라는 타이틀을 붙여 주었고, 전 세계의 어머니들이 나를 초대한다. 그러한 요청에 부응해 나는 전 세계를 돌아다니며 2,000회 이상의 세미나를 가졌고, 1년에 지구 한 바퀴를 돌며 바쁜 스케줄을 소화하며 기꺼이 그들을 만난다. 자녀를 일류 대학에 보내는 방법이나 자녀를 성공시키는 교육법에 대한 이야기가 아니라, 내가 꼭 하고 싶은 이야기,

'꿈' 이야기를 해 주기 위해 나는 그들을 만난다. 그리고 그것이 내가 이 책을 쓰게 된 이유이기도 하다.

어린 시절, 대한민국 지도에 표시조차 되지 않는 작은 시골 마을에서, 서울 구경 한 번 못해 본 우리 어머니는 하나님을 만났다. 그리고 기도를 배웠다. 역시 산골에서 여자로 태어나 별 기대 없는 삶을 살아가야 했던 나를 두고 어머니는 "이 아이가 열방의 어머니가 되게 해 주세요"라는 기도를 매일 하셨다. 당시 나는 '열방'의 뜻도 몰랐지만, 방에 붙여진 세계지도를 보며 '언젠가는 저 세계로 내가 나아갈 거야' 하는 꿈을 꾸었다. 그렇게 난 꿈을 붙잡았고, 평생 그 꿈을 놓지 않았다. 그리고 50여 년이 지난 지금, 나는 문득 어머니의 기도가, 나의 꿈이 이루어졌음에 놀라고 감사한다.

그러나 꿈을 향해 가는 길은 수많은 시련과 절망을 견뎌야 하는 과정이기도 하다. 나도 그랬다. 나는 하루아침에 남편이 사라지는 일을 겪었다. 그곳은 미국 땅이었고, 나는 서른여덟 살이었다. 수중에 단돈 5달러가 없어 두렵고 떨리는 아침을 맞았던 내 옆에는 아직 어린 세 아이가 있었다. 나는 정말 죽고 싶었지만, 아이들 때문에 죽을 수도 없었다.

사람은 누구나 자신이 겪고 있는 고난이 가장 크다고 생각한다. 고난을 겪고 있는 동안은 그러하다. 그러나 고난이 지나가고 나면 고난이야말로 변장하고 찾아오는 축복이라는 것을 깨닫게 된다. 나 역시 죽을 만큼 힘들었지만 이렇게 살아났다. 그리고 고난을 통해 연단된 내가 이 세상을 위해 해야 할 일이 무엇인지를 깨닫게 된다. 그것이 은혜다.

나는 중국 같은 공산주의 국가나, 공산주의를 버리고 자본주의를 도입한 지 얼마 되지 않은 몽골 같은 국가들, 그리고 아프리카와 중동, 아시아에 흩어져 있는 이슬람 국가에도 자녀 교육에 대해 강의하러 간다. 자녀 교육은 가난한 나라, 부자 나라, 공산주의 나라, 자본주의 나라뿐 아니라 이슬람 국가나 불교 국가, 기독교 국가를 막론하고 전 세계 모든 부모의 공통 관심사다 보니 그게 가능했다.

자녀 교육을 어떻게 했는지에 대해 말하다 보면 자연스레 나의 간증이 된다. 선교를 법으로 금지하는 나라는 있어도 자녀 교육에는 국경이 없다. 공부시키는 방법이 아니라 아이들이 꿈을 갖고 그 꿈으로 나아가도록 도와주는 방법을 말하다 보니 내 삶과 나의 가치관에 대해 말하지 않을 수 없는 것이다.

나와 우리 아이들의 소망은 '출세'가 아니다. 나의 꿈은 세상을 보다 살기 좋게 만드는 것이다. 앞으로 전 세계인의 삶은 더욱 팍팍해질지언정 여유로워지지는 않을 것이다. 서로 나누지 않으면, 세상의 미래는 재앙뿐이다. 현재 미국 인구의 7분의 1이 푸드뱅크의 도움을 받고 있다. 흑인이나 이민자뿐 아니라 백인들 가운데서도 푸드뱅크가 없으면 굶어 죽는 사람이 생겨나고 있다. 계층 이동이 막힌 사회는 현실적으로 꿈을 이루기 더욱 어려운 사회다.

내 인생의 1막이 아이를 잘 키우는 것이었다면, 이제 반환점을 돌아 종착역을 향해 가는 인생의 후반기는 우리 아이들처럼 다른 모든 아이들을 잘 키우는 것이다. 세상의 모든 아이들이 지금보다 더 나은 삶을 위해 노력하게끔 엄마의 마음으로 격려하는 것이다.

나는 꿈도 나누고, 우리가 가진 물질적인 것, 사회적인 것 모두를 나누고 싶다. 무엇보다 나는 사람들이 자신만의 꿈을 꾸고 삶을 보다 나은 방향으로 개척할 수 있도록 돕고 싶다. 그래서 나는 오늘도 수많은 어머니 앞에 서서 나의 이야기를 들려준다. 결코 꿈을 절망에게 빼앗기지 말라고, 당신도 할 수 있다고.

'꿈을 꾸고 그 꿈을 향해 나아가며 살 것이냐, 탁류에 휩쓸려 가듯이 흘러가는 대로 살 것이냐!' 결국은 이 차이다. 가만있어도 시간은 흘러가고 삶은 살아진다. 어떻게 살 것인가는 불과 종이 한 장 차이다. 제대로 된 교육 환경도 없는 작은 시골 마을의 한 소녀였던 나에게 만약 꿈이 없었다면, 나는 어떻게 되었을까? 또 단돈 5달러도 없이 미국 땅에 홀어머니와 남겨진 나의 아이들은 어떻게 되었을까?

경상북도 경주시 안강읍 산골짜기에서 태어난 내가 해냈다면, 아프리카의 엄마들도, 베트남의 엄마들도, 한국의 엄마들도 다 해낼 수 있다. 어려운 환경에서도 잘 자란 나의 자녀들이 해냈다면 세상 모든 자녀들도 다 해낼 수 있다!

난 이 말을 하기 위해 오늘도 세상의 엄마들을 만나러 가고, 또 이 책을 쓰고 있다.

Part 1

구하라, 그러면 꿈은 내게 온다

때로 앞뒤가 깜깜하게 막혀 있는 것 같을 때도
전혀 예상치 못한 해결 방법이 나올 수 있다.
그러므로 지금 당장 소망이 이루어지지
않는다고 해서 낙심할 필요는 없다.
먼저 구하라. 구하지도 않는데 얻을 수는 없지 않겠는가.

우리는 할 수 있다

"미국에서 교육을 받았기 때문에 자녀들 셋이 모두 잘 된 것 아닙니까?"

나와 아이들, 우리 가족의 성취를 두고 그렇게 말하는 사람도 있다. 그러면 나는 이렇게 대답한다.

"아닙니다. 우리 모두 할 수 있습니다. 누구나 할 수 있습니다."

대외적으로 나는 자녀 교육 전문가로 알려져 있다.

첫째인 큰딸은 보스턴대학(Boston College) 국제정치외교학과를 졸업했다. 국제정치학으로 세계에서 최고라 인정받는 터프츠대학원 프레처스쿨(Fletcher School)에서 석사학위를 받았다. 대학 2학년 때부터 백악관 인턴, 매사추세츠 주지사 인턴 등을 하면서 감각을 익혔고, 오바마 대통령 선거캠프 등을 거쳐 현재 미 국무성에서 근무 중이다.

둘째인 아들은 누나와 같은 보스턴대학 국제정치외교학과를 졸업하고, 미국 정부의 외교관 특별프로그램 대상자로 선정되어 세계를 돌며 외교관 수업을 받았다. 이후 하버드대학원을 졸업하고, 보스턴 시의원 선거캠프와 시장 선거캠프에서 일한 경력을 토대로, 최근에는 총선 격인 매사추세츠 주지사 선거캠프에서 행정 담당으로 일하며 정치 감각을 익히고 있다.

셋째인 막내딸은 하버드대학교(Harvard University) 사회인류학과를 졸업했다. 대학을 졸업한 후 많은 화려한 자리를 뒤로한 채 1년은 한국에 머물며 북한에 대한 비전을 품고 섬기겠다고 하여, 새터민을 위한 교육 프로그램에 참여하였다. 큰딸과 아들은 대학원을 졸업할 때까지 전액 장학생이었다. 막내는 빌게이츠재단에서 대학교 등록금부터 박사과정을 마치는 10년 동안 100만 달러를 지원해 주는 장학금을 받았다.

우리 집 아이들이 받은 장학금을 합하면 모두 200만 달러다. 한화로 약 20억 원이 넘는다. 그러나 이러한 성과들이 미국이기 때문에 가능했던 것은 결코 아니다. 더 이상 아메리칸드림은 없다. 미국에만 가면 성공한다던 시대는 지났다. 아니, 운 좋게 얻어지는 삶은 이제 어느 사회에서도 찾을 수 없다는 말이다.

미국 교육이라고 해서 남다를 것은 없으며, 미국이란 사회도 학연과 지연과 인맥으로 얽혀 있기는 마찬가지다. 케네디 가문이 대를 이어 정치를 하고, 부시의 아들 작은 부시가 대통령이 되고, 지미 카터의 손자가 주지사로 나서는 것이 미국이다. 하버드대학교 등 명문 대학을 다니는 학생의 절반은 사립학교 출신일 정도로, 미국에서 오히려 상류사회로 올라가는 계층 이동의 사다리는 더욱 가파르다. 사회 소수자가 하버드대학교에 가는 것은 정말 꿈같은 일이다.

우리 가족은 어떻게 보면 미국 사회에서 소수자 중의 소수자다. 0.01퍼센트도 안 되는 한국인 이민자 가정이며, 평범하기 짝이 없는 서민 가정이다. 우리가 미국 사회에서 자리 잡는 유일한 방법은 공부를 잘해서 좋은 학교에 들어가 사회적 인정을 받는 것 외에는 없었다.

유대인의 격언 중에, 휴대할 수 있는 지식이 있다면 유럽에서 쫓겨나도 다른 나라에 가서 펼쳐놓을 수 있다는 말이 있다. 공부는 누구도 빼앗을 수 없는 한 개인의 자산이다. 어떻게 보면 공부는 아주 공평하다. 어떤 집안에서 태어나느냐는 선택할 수 없는 일이지만, 공부는 순전히 자신의 노력으로 얻을 수 있는 것이기 때문이다. 나는 아이들이 자신의 능력을 최대한 개발하게끔 도와주었다. 자신의 능력을 개발하는 것은 아이들 스스로의 몫이지만, 꿈을 꾸게 만드는 것은 엄마의 몫이다.

우리는 아메리칸드림의 상징이 아니라, 꿈의 증거다. 누구든 미국 대통령이 되고, 유엔사무총장이 되는 꿈을 꾸지 못할 이유가 없다.

사람들은 그것이 불가능에 도전하는 것이라고 말한다. 그러나 시작도 해 보지 않고 불가능이라고 말하는 것은 잘못된 말이다. 과연 누가 가난한 케냐 이민자의 아들인 오바마가 대통령이 되리라고 생각했겠는가? 나는 세계 어느 곳을 가든 꿈의 씨앗을 뿌리라고 말한다. 평범한 우리 가족도 해냈으니, 당신도 한번 같이 해 보자는 것이다.

우리는 할 수 있다! 누구든!

달나라에 가는 것만큼 어려울지라도 꿈에는 불가능이 없다

벽에 붙여 놓은 세계지도 한 장. 그 지도가 나의 인생을 이끌고 갔다. 초등학교 1학년에 입학하자마자 아버지는 세계지도를 벽에 붙여 주셨다. 지도 속의 우리나라는 참으로 작았다. 아버지가 지도를 사다 주신 것이 세상이 이렇게 넓다는 걸 알려 주려는 것이었는지, 넓은 세상으로 나아가라는 의미였는지는 잘 모르겠다. 학교를 마치고 집으로 오면 나는 으레 세계지도 아래에 앉아서 책을 읽었다. 지도를 보며 이 넓은 세상에는 어떤 사람들이 어떤 모습으로 살고 있을까 상상의 나래를 펼치곤 했다.

어릴 때 내 세상의 중심은 매화, 사과꽃, 배꽃, 복사꽃이 흐드러지는 과수원과 교실의 두 배 크기만한 도서관, 그리고 교회였다. 다람

쥐처럼 산자락을 오르거나 나무를 타기도 하고, 서가 사이를 요리조리 다니면서 숨겨 놓은 도토리를 빼먹듯 책들을 읽어 치웠다. 주일이나 교회에 행사가 있는 날에는 온종일 교회에서 시간을 보냈다.

그 시절이 나에게는 한없이 아름답고 평화로운 시절이었지만 어른들에게는 꼭 그렇지만은 않았다. 군데군데 남아 있던 지뢰나 불발탄 같은 전쟁의 상흔이 어느 순간 우리를 다치게 하거나 목숨을 빼앗는 재앙으로 다가오고는 했기에, 어른들은 아이들이 노루처럼 산과 들을 뛰어다니며 노는 것을 늘 염려했다. 그것이 전쟁이 끝난 지 얼마 되지 않은 가난한 나라의 작은 산골 마을에서 태어난 나의 현실이었다.

그러나 나는 꿈이 많은 소녀였다. 벽에 붙은 지도를 보며 언젠가는 그 낯선 나라들을 다 가 보겠다는 꿈을 키웠다. 비행기를 타 본 적도 없고, 심지어 본 적도 없지만 그런 날이 꼭 올 것이라고 생각했다. 아프리카의 성자 슈바이처의 전기를 읽은 날이면 간호사가 되어 아프리카에서 봉사하는 꿈을 꾸고, 라이트 형제 이야기를 읽은 밤이면 비행사가 되어 하늘을 나는 꿈을 꾸기도 했다.

책은 나에게 꿈의 씨앗을 뿌려 주는 존재였다. 나는 책에서 본 세상을 나도 경험할 것이라는 믿음을 가지고 있었다. 언젠가는 80일간의 세계 일주를 할 것이고, 미국에서 영국까지 건너가는 소공자처럼 나도 언젠가 배를 타고 세계 여행을 다닐 것이라고 친구들에게 말했다. 미국이 어디에 있는지 네덜란드가 어디에 있는지 모르던 아이들

눈에 나는 몽상가로 보였을 것이다. 달나라에도 가고, 해저 2만 리에도 간다고 했으니 얼마나 황당했겠는가.

"나는 세계 일주를 하면서 내가 보고 싶은 세상을 다 둘러볼 거야."

아무도 나의 말을 믿지 않았다. 현실과 동떨어졌다고, 실현 가능성이 없다고 생각한 것이다. 그러거나 말거나 나는 친구들에게 미국에 가면 자유의 여신상이 있고, 프랑스에 가면 에펠탑이 있다고, 마치 가 본 것처럼 설명하곤 했다. 언제부터, 어떻게 그런 꿈이 내 속에서 자랐는지 모르지만 독서량과 비례해서 꿈은 여물어 갔다.

"언제 그런 걸 보겠니?"

"네가 진짜 갈 수 있을 것 같아?"

아이들은 한결같이 그렇게 말했다. 대부분의 경우 제 눈으로 보지 않은 것에 대해서는 생각이 미치지 않는 법이다. 그래서 꿈을 꿀 수 있다는 것은 커다란 축복이다.

사실 우리는 우물 안 개구리였는지도 모른다. 아마 더 넓은 세상에 살았다면 달나라에 갈 수도 있을 거라 생각하는 게 아니라, 실제로 달나라에 간 사람이 있다는 사실을 알았을 것이다. 비행기를 타면 세계 일주도 일주일 만에 가능한 시대에 살고 있었지만, 주변에 비행기를 타 본 사람조차 없었으므로 그걸 몰랐다.

당시에 우리 마을은 그야말로 두메산골이었다. 우리 마을은 지도에서 찾으라고 하면 2만 5,000분의 1 대축척지도에서조차 찾기 어려울 만큼 작고 깊은 산골이었다. 차도 없었고, 텔레비전도 마을에 한 대박에 없었다. 19인치 흑백텔레비전 앞에 온 마을 사람들이 모여서 모깃불을 피워 놓고 드라마를 보던 기억이 아직도 새롭다. 나는 다른 나라는 커녕 서울도 가 보지 못했고, 마을 사람의 대부분은 마을을 벗어나 본 적이 없었다. 다들 땅을 사랑하며, 땅을 꼭 붙잡고 살아가고 있었다.

반면 나는 믿음이 좋은 부모님과 할머니 덕분에 더없이 넓은 세상으로 나갈 수 있다는 걸 일찍이 알았다. 학교와 책이 여덟 살짜리 소녀에게 드넓은 세상이 있다는 걸 가르쳐 주었다면, 교회는 그것을 구하는 방법을 가르쳐 주었다. 마태복음 7장 7절의 말씀처럼, '구하면 얻으리라'는 것을 나는 알고 있었다.

지혜란 진정으로 구하고자 하는 사람에게 주는 신의 축복이자 선물이다. 교회는 나에게 학교에서는 가르쳐 주지 않는 다른 많은 것을 가르쳐 주었다. 이 세상이 시작된 역사를 가르쳐 주었고, 어떻게 꿈을 가지고 기도해야 하는지를 가르쳐 주었다. 무엇보다 하나님께 어떻게 구해야 하는지 가르쳐 주었다. 그리고 선교사님들을 통해서 앞선 문화를 배우게 되었다.

나는 단순한 몽상가가 아니었다. 눈에 보이는 것만 믿는 친구들과 달리 보이지 않는 것이라 할지라도 꿈을 믿는 아이였다. 꿈에는 경계도 불가능도 없다. 나는 교실 맨 앞에 앉는 키가 작은 아이였지만, 꿈의 크기만큼은 누구보다 큰 거인이었다.

하나님, 저에게도 저런 날이 오겠죠?

교회에서 말씀을 통해 배운 것이 하나 있다. 말한 대로 이루어진다는 것이다. 마음속 바람을 입술을 열어 말을 하게 되면, 그때부터 힘을 가지게 된다. 단순한 바람이 아니라 소망으로 변하는 것이다.

'나는 반드시 세계로 나갈 거야'라는 나의 꿈은 교회를 다니면서 구체적인 증거로 하나씩 눈에 드러났다. 중학교 3학년 때 빌리 그레이엄 목사님이 여의도 광장에서 부흥회를 한다는 소식을 들었다.

"선생님, 저는 앞으로 드넓은 세계로 나갈 것입니다. 그러기 위해서는 훌륭한 목사님의 설교를 꼭 들어야겠습니다. 전 세계를 돌며 부흥회를 여는 목사님의 설교는 분명히 제 인생에 커다란 의미가 될 것입니다. 그래서 학교를 며칠 쉬어야겠습니다."

어디서 그런 용기가 났는지 모르지만 교무실에 계신 선생님을 찾아가서 또록또록 나의 생각을 말씀드렸다. 학교를 며칠 쉬겠다는 생각을 하는 것이 가능한 시대가 아니었다. 내가 초등학교와 중학교, 고등학교를 다니던 70년대는 국민체조와 교련 수업을 하던 시대였다. 학생들과 국민들이 일사분란하게, 한 사람의 예외도 없이 통솔되는 것이 미덕이던 때였다. 그런데도 선생님은 흔쾌히 허락해 주셨다. 꼭 가야겠다는 나의 의지가 선생님께 전해졌던 모양이다. 나의 결석은 기간으로 보나 이유로 보나 학교에서 전무후무한 사건이었다.

경주로 가서 서울행 기차에 몸을 싣자 비로소 새로운 세상을 향해 떠난다는 것이 실감 나기 시작했다. 내가 살던 사방리라는 곳이 경주의 변방이라는 사실을 철길을 달리며 알게 되었다. 열차를 갈아타고 다시 열 시간을 달려 서울에 도착하자, 그동안 내가 살아온 곳이 얼마나 좁았는지 깨달았다.

다행히 서울역에는 이모가 마중을 나와 있었다. 이모와 함께 삼일고가도로를 달릴 때는 내 눈을 의심했다. 차가 달리는 도로도 처음 보는데, 그 도로가 이층집처럼 위아래로 있었던 것이다. 1973년도 서울의 모든 것은 내 눈길을 사로잡기에 충분했다.

다음 날 보게 된 여의도 광장의 집회 모습은 일생일대의 장면으로 뇌리에 각인되었다. 드넓은 광장이 100만 명이 넘는 인파로 메워졌다. 지방에서 대절해 온 관광버스들이 가득하고, 사람들은 끝도 없이 모여들었다. 오병이어의 기적이 일어날 것만 같은 현장이었다. 드디어 빌리 그레이엄 목사님이 연단에 나타났다.

그레이엄 목사님의 전도집회는 1973년 5월 16일부터 전국 지방 도시에서 시작되어 서울이 마지막 종착지였다. 5월 30일부터 6월 3일까지 열린 여의도 광장 집회는 목사님이 직접 인도하셨다. 그레이엄 목사님이 왼손을 들어 올리며 예수 그리스도를 영접하라고 외치는 순간부터 여의도 광장은 뜨겁게 불붙었다. 부흥회가 시작되고부터는 "할렐루야" 소리밖에 들리지 않았다. 사람들은 화장실도 가지 않고 자리를 지켰다. 그레이엄 목사님의 설교는 김장환 목사님이 옆에서 통역을 하셨는데, 김장환 목사님이 그레이엄 목사님처럼 왼손을 들어 올리고 똑같은 제스처를 취하며 전해 주셨다.

집회의 마지막에는 꼭 하시는 말씀이 있었는데, 예수 그리스도를 영접하기로 한 사람들에게 실천을 당부하는 것이었다. 첫째는 성경을 매일 읽고 암송하고, 둘째는 기도하고, 셋째는 전도하고, 넷째는 교회에 나가서 봉사하라는 것이었다.

'하나님, 저에게도 저런 날이 오겠죠?'

수많은 사람들 앞에서 말씀을 전하는 목사님을 보면서 저절로 그런 기도가 터져 나왔다. 그레이엄 목사님도 기도는 반드시 응답받는다고 하셨다. 그 기도가 응답받을 것이라고 기대하기 어려운 순간일지라도 말이다.

어떻게 부흥회가 끝났는지 모르겠다. 나를 깨운 건 '꿈을 향해 나아가라'는 목사님의 말씀이었다. 나의 뒤에는 세상에서 가장 든든한 후원자가 되시는 하나님이 계시므로 나는 어디든 가서 무엇이든 될 수 있다는 믿음을 얻은 것이다. 나는 목사님 말씀처럼 그 네 가지를 지키기 위해서 매일매일 노력했다. 그날 이후로 나는 부흥회가 열린다고 하면 그곳이 어디든 한걸음에 쫓아갔을 뿐 아니라 교회 활동에 누구보다 열심히 참여했다.

어머니는 이런 나를 두고 열방의 어머니가 되게 해 달라는 기도로 새벽마다 기도의 제단을 쌓아 가셨다. 열방의 어머니가 무엇인지 알리 없었지만 나는 나를 향한 어머니의 기도를 들으면서 어릴 때부터 많은 사람을 감동시키는 사람이 되겠다는 바람을 갖고 있었다.

초등학교 1학년 때부터 내 마음과 생각을 정확하게 전달해야겠다고 생각했다. 어떻게 그런 생각이 떠올랐는지 모르지만 산에 올라가서 발성 연습을 했다. 많은 사람 앞에서 이야기하려면 목소리가 크고 발음이 또렷해야 한다고 생각해서다. 선생님이 "경애야, 너 웅변하면 정말 잘하겠다"라고 하셔서 웅변대회에 나갔는데, 6학년을 제치고 1등상을 받게 되었다. 그때부터 고등학교 때까지 시 혹은 도내 웅변대회를 휩쓸고 다녔다. 하지만 그때까지도 많은 사람 앞에서 강연하며 살게 될 것이라고 예상하지는 못했다.

어릴 적 에피소드 하나하나를 돌아볼 때마다 모두 꿈이 가리키는 방향을 향해 가는 길목에 놓여 있었음을 고백하게 된다. 꿈을 두고 기도하면 삶의 방향이 바뀐다.

때로 무모한 도전도 필요하다

더 큰 세상으로 나가기 위해서는 때론 고난도 필요하다. 나는 중학교 때부터 경주로 나가서 아는 언니들과 자취를 했다. 그리고 대학 입시를 준비할 때는 대구에 있는 친척 집에 잠깐 머물게 되었다. 한겨울에 집을 나서서 학원으로 가는 길은 유난히 추웠다. 날씨도 추웠지만 무엇보다 집을 떠나 타지에 있다는 서글픔에 추위가 더 매섭게 느껴졌다.

친척 아저씨는 관공서에 계셨는데, 직급이 꽤 높았던 것 같다. 아침마다 검은 세단을 모는 운전사가 와서 아저씨를 모셔 갔으니 말이다. 아저씨가 출근하면 뒤따라 내가 대문을 밀고 나왔다. 그럴 때마다 집에서 일하는 언니가 내 등 뒤에다가 소금을 뿌렸는데, 당시에는 왜 내게 소금을 뿌리는지 몰랐다. 하지만 얼마 뒤에 나를 미워해 그랬다는 걸 알게 되었다.

'나도 집에서는 귀한 존재인데, 이렇게 서러움을 당하다니!'

친척 식구들은 내게 친절했지만, 그 언니의 행동을 보고 나는 적지 않게 놀랐다. 한창 예민한 사춘기에 선한 이웃이 아니라 간특한 세상인심을 먼저 봐 버린 것이다. 그리고 약하면 세상으로부터 무시당하고 짓밟힌다는 것을 알게 되었다. 그 이후로 나는 힘들 때마다 그때 일을 기억하며 잘 이겨 내자고 다짐했다. 그리고 한 가지 결심을 했다.

'나보다 약한 사람, 도움이 필요한 사람을 만나면 무조건 도와주자.'

이래저래 타향살이는 서글펐다. 그해 나는 지원한 대학에 떨어져 자존심에 또 한 번 치명상을 입었다. 그렇다고 재수를 할 수도 없는 노릇이라 대구에 있는 신일간호전문대학에 입학했다. 아픈 사람을 위해 헌신하는 간호사란 직업이 좋아 보였다. 무엇보다 나는 미국에 가고 싶었는데, 간호사가 되면 미국에 가기가 수월했다. 꽤나 현실적인 선택을 한 것이다.

대학에 가서도 열심히 집회를 좇아다녔지만 공부도 열심히 했다. 하지만 졸업하고 난 뒤에 마주한 세상은 만만하지 않았다. 직장을 찾아 서울로 왔지만 이력서를 받아 주는 데가 없었다. 아무리 환자를 성실하게 잘 돌볼 자신이 있다고 해도 누구 하나 나를 거들떠보지 않았다. 열 곳이 넘는 병원에 지원했지만 모두 떨어졌다. 그러자 사회가 거대한 골리앗처럼 보였다. 당시는 '빽'이 없으면 어디든 들어가기가 힘들었는데, 과수원집의 딸에게 한국 사회에 필요한 빽이 있을 리 없었다. 힘 있는 친척이 있었지만 그 도움은 받고 싶지 않았다.

'하나님, 제가 힘을 기를 수 있게 도와주세요.'

무수히 많은 좌절의 밤을 맞았지만, 밝은 내일을 달라고 기도하며 견뎠다. 좌절하지 않는 것만 해도 엄청난 용기다. 밤이 지나면 새벽은 어김없이 밝아 왔고, 그처럼 언젠가는 나의 기도도 응답받을 것이라고 믿었다.

기죽지 않고 어떤 자리라도 들어가려고 알아보고 다닌 덕분에 새로운 정보를 하나 알게 되었다. 서울대학교병원에서 중환자실 집중간호 교육 프로그램을 운영한다는 것이었다. '내가 될까? 서울에서 간호대학을 나온 쟁쟁한 지원자들이 많을 텐데' 따위의 걱정을 할 틈이 없었다. 어떤 기회든 기회 자체가 나에게 절박했다. 다행인지 불행인지 정신적으로도 육체적으로도 고될 뿐 아니라 과정 자체가 까다로워 신청자가 많지 않았다. 합격통지서를 받은 나는 내게 주어진 기회라고 생각해 온힘을 다해 중환자실 시스템을 배워 나갔다.

중환자실에서는 그야말로 삶과 죽음이 한순간에 결정되었다. 생명은 결코 인간의 의지대로 되지 않았다. '삐삐' 하는 소리는 죽음의 호출 경보였다. 아무리 기계와 사람이 보초를 잘 서도 하늘에서 호출이 오는 건 어쩔 도리가 없었다.

중환자실 교육을 무사히 마치고, 근무에 익숙해질 즈음 나는 우연히 신문 기사 하나를 접하게 되었다. 미국에서 한국 심장병 어린이 환자를 돌볼 간호사를 뽑는다는 기사였다. 심장병에 걸린 어린이들을 후원하는 한미재단에서 낸 기사였다. 서울대학교병원은 안정된 직장인 데다 그곳에서 나는 일을 잘한다고 인정도 받고 있었으므로, 기득권을 떨쳐내고 새로운 도전을 하는 데는 꽤나 큰 용기가 필요했다.

그러나 이번에도 나는 망설임 없이 지원서를 냈다. 미국은 정치적으로뿐 아니라 민간 부문에서도 우리나라를 돕는 우방으로서의 역할을 수행하고 있었고, 한미심장재단은 바로 그 역할을 위해 만들어진 가장 인도적인 조직 중 하나였다. 필요한 실무를 익히는 일은 크게 어렵지 않았다. 서울대학교병원에서의 중환자실 훈련이 많은 도움이 되었을 뿐 아니라, 내가 하고 있는 일이 꺼져 가는 한 아이의 생명을 살릴 수 있다는 사명감으로 고된 줄도 몰랐다. 게다가 거듭된 좌절의 경험을 떠올리며, 더욱 나를 채찍질해 갔다.

1982년 2월, 나는 심장병 어린이 몇 명을 데리고 뉴욕의 케네디 국제공항으로 향했다. 나의 역할은 선천성 심장병 어린이를 뉴욕의 메디컬센터로 데려가서 치료받게 한 후 다시 한국으로 데려오는 일이었다. 공항에는 우리가 갈 병원의 의사와 간호사가 마중 나와 있을 것이었다.

하늘에서 바라본 케네디 국제공항의 불빛은 그동안 내가 본 광경 중에서 가장 아름다웠다. 멀리서도 뉴욕에서 가장 긴 다리인 베라자노내로스 다리가 한눈에 보였다. 2층으로 된 왕복 6차선의 이 다리는 대서양과 허드슨 강이 만나는 바다 위에 건설되어 있다. 다리 오른쪽에는 미국의 상징인 자유의 여신상이 나를 맞아 주고 있었다. 나는 드디어 낯선 땅 미국에 발을 디딘 것이다.

뉴욕의 노란 민들레

무모해 보이는 꿈이라도 꾸어야 이루어진다. 뉴욕에 발을 내디딘 나는 더 이상 몽상가도 무모한 20대도 아니었다. 어릴 적 꾸던 꿈을 이루어 나가기 시작하는 새내기였다. 열정으로 똘똘 뭉친 나의 심장은 뜨거웠다. 나는 미국에서 간호학을 제대로 공부해 보겠다는 야망에 불탔다. 힘들 때마다 다음에 아프리카에 가서 백의의 천사가 되어 죽어 가는 사람을 살리겠노라고 마음을 다잡고는 했다.

내가 돌보게 된 아이들은 유달리 작고 파리했다. 심장에 이상이 있으니 성장이 제대로 이루어질 리 없었다. 작고 연약한 아이들은 마치 인형 같았다. 미국에 데려갈 때마다 짠한 마음이 들어 품에 더욱 꼭 안고 다녔다. 부모들이 키울 형편이 되지 않거나 아픈 아이다 보니 미국에서 자라는 게 좋겠다 싶은 경우는 수술을 받고 미국에서 입양되기도 했다. 게다가 수술받는 아이가 백 퍼센트 다 살 수 있는 것도 아니었고, 수술 자체도 쉽지 않았다. 생과 사의 보이지 않는 갈림길에 아슬아슬하게 서 있는 아이들이었다.

자신의 운명을 안 것일까? 한 번은 비행기 안에서 한 아기가 울음을 터뜨렸다. 아무리 어르고 달래도 울음을 그치지 않았다. 계속되는 아기의 울음소리 때문에 다른 승객들도 모두 괴로워했다. 안 그래도 심장이 나쁜 아이가 울면 심장이 더 불안정하게 뛰기 때문에 나는 아이를 달래기 위해 순간적으로 가슴을 풀어헤쳐 아기에게 젖을 물렸다. 어떻게 그런 생각이 났는지 모르지만, 아마도 엄마가 동생들에게 젖을 물리는 걸 보면서 자랐기 때문일 것이다. 시골에서는 우는 아이에게 가장 좋은 건 엄마의 젖이었으니 말이다. 다행히 그 아기는 울음을 그쳤고, 무사히 미국에 도착해 수술을 받고 회복되었다.

아이들을 수술한 병원은 뉴욕에서도 규모가 상당히 큰 병원으로, 유대인계 병원이었다. 병원을 이용하는 사람들도 가난한 사람은 아니었고, 좋게 말하면 유대인들이 가진 자부심, 나쁘게 말하면 텃세가 상당한 병원이었다. 영어가 귀에 설어서 한동안은 고생했지만 집중해서 듣다 보니 금세 들리기 시작했다. 무엇보다 나는 아픈 아이를 정성을 다해서 돌봤다. 의사나 간호사들은 무척이나 나에게 호의적이었는데, 작은 동양인 여자가 바지런히 다니면서 아픈 아이들에게 헌신적으로 대하는 모습에 감동한 것이다. 아픈 아이들에게도, 의사들에게도, 동료 간호사들에게도 나는 꽤나 인기가 있었다. 병원에서 유일한 동양인이었지만, 인종적 혹은 문화적 차별을 당하는 일은 없었다.

나는 미국식 정서를 굳이 따라가려고 하지 않았고, 그들의 삶을 흉내 내려고도 하지 않았다. 나는 한국의 키 작은 민들레처럼 미국에서도 나의 자리를 지켰을 뿐이다. 사람을 대할 때 한국식으로 예의를 다하고 마음을 다했다. 그리고 성경 말씀대로 겸손하게 이웃을 섬겼다. 국경도 인종도 초월할 수 있는 게 있다면 바로 하나님의 말씀 아닐까. 하나님 안에서 우리는 모두 형제고 자매라고 배웠으니 말이다. 말씀에 의지하면 인간은 어느 곳에서든 환경에 적응해 다양한 능력을 발휘할 수 있음을 새삼 깨닫게 된 계기였다.

그러나 나는 그 병원에서 1년여 정도 일하고는 그만두고 말았다. 영어나 문화적 차이는 내게 문제가 아니었다. 다만 삶과 죽음 앞에서 인간이 얼마나 무력한지 뼈저리게 느꼈기 때문이었다. 아무리 인간이 최선을 다하더라도 한계가 있을 수밖에 없다는 것을 지켜볼 때마다 간호사로 성공하고 싶다거나 봉사하고 싶다는 꿈이 부질없다는 생각이 들었다.

수술도 쉽지 않고 수술 후의 회복도 쉽지 않다는 걸 알기 때문에 아이들을 수술실로 들여보낼 때마다 가슴 한구석이 늘 아렸다. 그러던 어느 날, 내가 보살피던 아이 중 한 명이 죽었다. 다섯 살짜리 여자 아이로 유독 맑은 눈망울을 가져 내가 딸처럼 보살피던 아이였다.

수술실에서 아이의 가슴을 닫으며, 의사는 수술이 성공적이라고 엄지손가락을 치켜세웠다. 살아가면서 지워지지 않을 흉터가 가슴에 남겠지만, 그 무엇보다 소중한 새 생명을 얻었다고 생각했다.

그러나 그 아이는 끝내 깨어나지 못했다. 나는 이 사실을 받아들이기가 쉽지 않았다. 나의 열심을 뿌리째 뒤흔드는 것이었기 때문이다.

'생명은 인간이 주관하는 것이 아니다. 인간은 인간에게 새 생명을 줄 수 없다.'

너무나 분명한 답 앞에서 나는 통곡했다.

그리고 미련 없이 뉴욕 생활을 접어 버렸다. 유능한 간호사라는 사회적 인정, 화려한 뉴욕 생활은 그야말로 별것 아니었다. 그동안 내가 좇은 꿈이란 것들은 한순간에 사라질 수 있는 헛된 것들이었다. 어떻게 살아야 할까, 무엇으로 살아야 할까? 나는 내 마음속에 수없이 울리는 이 질문에 대한 답을 먼저 찾아야 했다.

사우디아라비아 왕립병원 간호사로

한국에 돌아온 나는 아세아연합신학대학원에 입학원서를 넣었다. 대학생 때부터 한국대학생선교회(CCC) 활동을 하며 선교의 사명을 품고 있었는데, 삶과 죽음을 누가 결정하는지 똑똑히 보고 나니 선교를 미룰 수 없다는 판단이 섰다. 초록색 수술포 위에 뿌려진 붉은 피, 그 피에 생명을 불어넣은 건 인간이 아니었다. 육신의 죽음과 영혼의 죽음에 대해서, 육신의 삶과 영혼의 삶에 대해서 다시금 깨닫게 되었다. 한철하 학장, 이명수, 손봉호, 이종윤, 홍창의 교수님들이 당시 현직으로 계셨다. 한 학기를 다니는 동안 그야말로 피가 끓는 경험을 했다.

사우디아라비아에 파송될 간호사를 뽑는다는 광고를 본 건 그 즈음이었다. 사우디아라비아 왕립병원에서 간호사를 특채한다고 했다. 한창 80년, 90년대는 건설 붐을 타고 한국이 아랍으로 진출하던 시기였다. 예나 지금이나 사우디아라비아는 친미계이긴 하지만 아랍권 국가여서 여자들에게 교육을 시키지 않았다. 그러다 보니 현지인 의사는 있어도 간호사들은 모두 프랑스나 영국 등 외국에서 데려와 채용했다.

나는 이것이야말로 하늘이 주신 기회라고 생각했다. 선교사는 사우디아라비아에 발을 들여놓을 수 없지만 간호사는 당당히 들어갈 수 있지 않은가. 나를 통해 누군가가 하나님을 만나게 되기를 기대하는 마음과 죽으면 죽으리라는 각오로 사우디아라비아를 첫 사역지로 택했다. 나는 지원했고, 그 자리에서 바로 합격되었다. 영어를 할 수 있다는 게 가장 큰 강점이었다.

교수님들은 스물세 살의 나에게 안수기도와 축복을 해 주었다. 대한예수교장로회의 선교사 파송 임명장까지 받고 나는 목적지로 향했다. 아랍권 국가에서는 지금도 선교를 하다 발각이 되면 종교법정에 서게 되고, 사형을 당하거나 추방된다. 당시는 성경책만 갖고 있다 발각되어도 참수형을 면하기 어려울 정도로 삼엄했다.

공항 검색대를 통과할 때는 다들 한바탕 난리가 났다. 성경책이나 술 등 반입해서는 안 되는 물건이 있는지 짐 가방을 구석구석 뒤져 보았다. 나는 속옷으로 성경책을 돌돌 싸서 짐 가방에 넣고는 태연하게 행동했다. 덕분에 그 어렵다는 검색대를 무사통과했다.

특별히 아랍어를 배우진 않았지만 영어를 배울 때의 집중력으로 몇 달도 지나지 않아 간단한 아랍어를 익혔다. 병원에서 통역이 필요한 곳이면 누가 내게 요청하지 않아도 먼저 다가가 통역을 해 주었다. 사실 아픈 사람에게 필요한 말은 그렇게 많지 않다. 어디가 아프냐, 어떻게 아프냐만 정확하게 소통하면 되었다.

호랑이 굴에 잡혀가도 정신만 차리면 산다는 말이 있다. 그만큼 긴장감 있게 살면 제 살 길을 개척한다는 말일 것이다. 내가 그러했다. 미국에 온 첫 한 달 동안 "예스"라는 말밖에 못하던 내가 영어를 익히고, 사우디아라비아에 와서는 이제 아랍어까지 익혔으니! 얼마 안 되어 나의 아랍어 실력은 일취월장해서 꽤 긴 대화도 할 수 있게 되었다.

사우디아라비아라는 나라는 요지경이었다. 남자와는 내외를 해야 했으니, 환자나 의사 외에는 낯선 남자들을 만날 일도 없었다. 히잡으로 얼굴을 가린 여자들도 남자들만큼이나 속을 알 수 없고 위험했다.

거리에만 나가도 빈민들이 많은데 병원 안은 만화경이었다. 환자들, 특히 여자들은 저마다 팔에 금팔찌를 주렁주렁 차고 있었다. 그들에게 남편의 사랑의 크기는 금팔찌의 개수에 비례했다. 아파서 병원에 오는 사람들이 금붙이를 하고 치장을 하고 있다는 것 자체가 나에게는 신기한 이방의 모습이었다.

나는 그곳에서도 친절한 간호사가 되려고 노력했다. 그러다 보니 환자들에게 인기가 좋았고, 나의 팔에다 팔찌를 채워 주려는 사람들이 많았다. 여자들은 자신을 돌봐준 데 대한 감사의 표시로 자신들의 팔찌를 벗어서 나에게 주려 했고, 남자들 중에는 이국에서 온 눈이 까맣고 아담한 여자가 신기해서 팔찌를 건네며 프로포즈를 하려는 것이었다.

그들은 한 여자와 결혼하는 것도 아니고 법적으로 네 명의 여자와 결혼할 수 있으니 아내 중 한 명쯤은 동양인으로 채워도 괜찮다고 생각했을지 모른다. 나에게 프로포즈를 해 온 사람들이 여럿 있었는데, 그중에 한 명은 왕실 가족이었다. 물론 그 나라의 왕실은 족보가 복잡해서 서열이 어느 정도인지는 가늠할 수 없지만 왕실의 일원, 그러니까 왕자인 것만은 확실했다.

이곳 사람들을 대상으로 믿음의 씨를 뿌리겠다는 마음은 간절했지만 당장 그보다 더 급한 것이 있었다. 바로 주일을 지키고, 말씀을 읽고, 찬송을 부를 수 있는 방법을 찾는 일이었다. 기숙사에서도 기도를 마음대로 못해서 처음에는 혼자서 몰래 짧게 했다. 기도할 수 있는 것만도 얼마나 큰 축복인지 실감하며, 복음의 씨앗을 뿌리고 싶다는 기도를 수없이 했다.

그러다 크리스천인 것 같아 보이는 간호사들을 한두 사람씩 모아서 같이 기도를 드리고, 급기야 주일에는 함께 기숙사에 모여서 예배를 드렸다. 왕립병원은 사우디아라비아에서도 규모가 큰 편이어서 무려 20여 개 나라에서 온 간호사들이 근무하고 있었다. 예배드리는 것을 들킬까 봐 바깥에서 시끄러운 소리가 나는 시간에 맞춰서

드렸다. 그들이 메카를 향해 절을 하고 중얼거리며 코란을 암송할 때가 가장 좋은 시간이었다. 그때는 내가 예배를 드리더라도 그들이 알 리 없었다.

그렇게 주일마다 몰래 예배를 드렸는데, 혹시라도 들키는 날에는 예배를 인도한 나는 분명 참수형이었다. 그런 상황에서 왕자는 나에게 끈질기게 프로포즈를 해 왔다. 만약 결혼을 한다면 나는 개종해야 했다. 그러니 왕자가 아니라 왕이라고 해도 답은 처음부터 'No'였다. 하지만 상대는 왕자였고, 그의 프로포즈를 계속 거절하는 것도 곤혹스러운 일이었다.

나는 가족들을 만나고 오겠다며 휴가를 신청하고는 도망치듯이 미국으로 갔다. 그때 이모님 가정이 미국에서 이민 목회를 하고 있었다. 갑작스러운 휴가 신청이라 되지 않을 줄 알았는데 절묘하게도 타이밍이 맞아 허가를 받게 되었다.

미국에 도착한 후에 사우디아라비아의 병원으로 연락을 해 보니 병원 친구들이 다급하게 이렇게 말했다.

"너 여기로 절대 돌아오지 마! 예배드리는 걸 들켰어!"

예배드리는 인원이 많아지면서 소문이 점점 새어 나가 결국 발각된 모양이었다. 내가 만약 사우디아라비아로 돌아간다면 나는 종교법정에서 재판을 받고 즉결심판에 처해질지도 모르는 상황이었다.

또 하나의 새로운 도전, 결혼

나는 결혼이 여자뿐 아니라 남자의 일생에 있어서도 가장 중요한 일이라고 생각했다. 예수님께서도 남녀가 만나서 결혼하고 가정을 이루는 것이 축복이라고 말씀하셨다. 가나안 혼인 잔치에서 포도주가 모자라자 물로 포도주를 만든 이적을 보이신 것만으로도 얼마나 결혼을 축복하시는지 알 수 있지 않은가. 창조하실 때부터 서로 부족한 것을 채워 가도록 '뼈 중의 뼈, 살 중의 살'이라는 배필을 주셨다.

한국에서 미국으로, 사우디아라비아로, 다시 미국으로 숨 막히게 세상을 날아다니다 보니 나는 어느새 결혼 적령기가 되어 있었다. 여자로서 한창 예쁠 나이이기도 했다. 나는 내가 만나게 될 배우자가 크리스천일 것과 한국 사람일 것, 이 두 가지를 두고 간절히 기도했다.

그때 하나님은 나를 미국에 뿌리 내리게 할 생각이셨던 모양이다. 사우디아라비아에 있을 때부터 미국에 있는 이모님이 중매를 서겠다고 나섰던 터였고, 한 신학생이 이모의 소개로 내게 편지를 보내왔었다. 하지만 나는 사우디아라비아 병원에 들어갈 당시 3년을 계약했고, 계약 기간이 끝나면 아프리카에 선교사로 갈 계획이었기에 그 신학생을 만나지 못할 것이라고 생각했다.

하지만 급하게 미국으로 휴가를 오게 되었고, 이제는 돌아갈 곳이 없는 처지였다. 사우디아라비아로 돌아가면 사형뿐이고, 그렇다고 한국으로 돌아가면 나는 계약 파기자가 되어 사우디아라비아로 들어가려는 다른 간호사들에게 나쁜 영향을 끼칠 수 있었다. 마침 이모님은 미국에 온 내게 그 신학생을 만나 보기를 재차 권했고, 나는 그렇게 하기로 했다.

어릴 적 주일학교 예배 시간에 한 인도자 분이, 장차 목사님 사모가 될 사람은 손들어 보라고 했다. 그때 주변의 친구들이 다 나를 보는 통에 어쩔 수 없이 팔을 올린 적 있다. 그리고 이어서 목사가 될 사람은 손들어 보라고 했는데, 그때 나는 또 손을 번쩍 들었다. 그 신학생을 만나기로 결정했을 때 어린 시절의 그 장면이 떠올랐다. 그래서 이 만남을 더욱 의미 있게 받아들였는지도 모른다. 이모님은 그와 결혼해서 함께 하나님의 일을 하면 좋지 않겠느냐고 했다.

그렇게 처음 만남을 가졌고, 휴가가 끝이 날 무렵 나는 프로포즈를 받았다. 함께 기도를 하는데, 그가 먼저 기도의 응답을 받았다며 내게 고백을 한 것이었다. 바로 결혼 날짜까지 잡았다. 미국에 간 지 45일 만에 이뤄진 결혼이라, 친정 부모님도 오시지 못해 교회 집사님의 손을 잡고 신부 입장을 했다.

1984년 12월 29일, 새 인생이 시작되었을 뿐 아니라 결혼 덕분에 고민하던 두 가지 문제가 동시에 해결되었다. 사우디아라비아로 돌아가지 않아도 되었으며, 계약을 파기한다는 비난도 면할 수 있었던 것이다.

그렇게 갑자기 결혼하게 될 줄은 전혀 몰랐다. 남편은 부유한 의사 집안의 장남으로 훤칠한 키에 잘생긴 외모, 미국에서 대학까지 졸업한 일등 신랑감으로, 주위 사람들의 선망의 대상이었다. 나는 대다수의 결혼을 앞둔 신부들처럼 부부가 되는 길은 아름다운 길이고, 누구나 가는 평탄한 길인 줄 알았다. 그러나 결혼은 또 하나의 도전이었다. 미국에서 이민 목회를 하는 일은, 하룻밤도 제대로 깊은 잠에 들 수 없는 일이란 것을 그때는 알지 못했다.

새벽별과 같은 사람

미국에 온 지 3년 만에 미국 땅에 뿌리를 내리게 되면서 나는 새로운 이름을 얻었다. 남편이 나에게 '에스더'라는 이름을 주었다. '에스더 경 최.' 황이란 성 대신 새로운 땅에 순종하는 의미로 남편의 성을 따랐다. 미국 법의 규정상 결혼과 동시에 황경애라는 이름은 과거형이 되었다.

나라와 민족을 구한 이름 에스더. 에스더는 '별'이라는 뜻이다. 새벽에 반짝이는 별은 즉, 우리를 구원하는 예수님을 상징한다. 에스더는 바벨론에 포로로 잡혀간 유대 민족의 여인으로, 페르시아 왕 아하수르의 왕비가 되어 죽음 앞에 놓인 자신의 민족을 구한 여인이다. 지혜롭고 아름답기까지 해서 닮고 싶긴 하지만, 그 삶의 무게는 결코 가볍지 않다. 만약에 에스더에게 믿음과 지혜와 용기가 없었다면 역사의 어느 갈피에서 사라졌을 것이다.

내게 필요한 것은 이국땅에서 당당히 살아갈 수 있으리란 믿음과 지혜와 용기였다. 결국 소망을 이룰 것이란 믿음을 가지고, 소망한 바를 얻기 위해서 지혜를 발휘하고, 무모하리만치 노력하라는 것이다. 그게 내 이름에 담긴 뜻이다.

어머니는 내가 목사가 될 사람과 결혼한다고 하자, 귀머거리 3년, 벙어리 3년, 소경 3년을 살라고 하셨다. 세상에 대한 호기심이 강한 처녀, 자기주장이 강한 처녀 대신 모든 것을 용납하는 사모가 되려면, 기도로써 나의 내면을 채워야 한다는 것이다. 인간적인 감정이나 판단을 일체 배제하고 하나님께 구하고, 하나님만 의지하는 삶으로 거듭 나라는 조언이었다.

어머니 말대로 젊은 목사와 그의 젊은 아내는 사람들의 입에 오르내리기 딱 좋다. 영적으로 충만하지 않으면 실수투성이가 될 것이고, 그러면 사람들을 하나로 모으지 못할 것이었다. 그 자리는 유리 옷을 입은 것처럼, 아니 내 영혼과 육신까지 투명한 유리가 된 것처럼 모든 사람들에게 다 비쳐지는 자리였다. 어느 누구의 편을 들어서도, 어느 누구를 힐난하는 것처럼 보여도 안 되었다. 사람이 그렇게 완벽하게 균형을 이룰 수 있겠는가? 사람들의 말에 흔들리지 않을 수 있겠는가?

"기도해라. 기도하는 사람은 누구도 흔들지 못한다."

어머니는 물처럼 한없이 부드러우나 흔들리지 않기 위해, 한편으로는 반석처럼 견고하기 위해 말이나 행동 대신 기도의 제단만 쌓으라고 했다. 기도하는 사람이라는 권위를 입지 않으면 그 자리에서 버티지 못한다는 것이었다.

이름이 바뀐 그 순간부터 나는 과거와 전혀 다른 삶을 살아야 했다. 사람들이 흔히 생각하는 결혼 생활과 나의 결혼 생활은 많이 달랐다. 결혼하기 전에 나는 뉴저지와 뉴욕에서 살았다. 내가 근무하던 유대인 병원이 바로 뉴욕에 있었기 때문이다. 그러나 결혼 후 우리는 광야에서 유랑하는 것처럼 오늘은 여기서, 내일은 저기서 짐을 풀었다.

이모부가 목회를 하시는 오하이오 주 콜럼버스 교회에서 결혼식을 올린 뒤 신학생이던 남편을 따라서 필라델피아로 갔다. 남편이 필라델피아에서 벨리포지 신학대학에 다니던 중에 큰딸을 낳았다. 신학대학을 졸업한 뒤에 남편은 사우스웨스턴 침례교 대학원에 들어갔다. 학교를 따라 우리는 텍사스로 이사를 갔다. 그곳에서 둘째를 가졌다. 그 뒤 남편은 목사 안수를 받고 이번에는 다시 오하이오로 기수를 돌렸다. 그곳에서 부목사로 재직하던 남편은 뉴저지로, 다시 조지아로 사역지를 옮겨 갔다. 오하이오에서 막내를 낳고 보니, 우리 집 아이들 셋은 각각 태어난 주가 달랐다. 10년 동안 주의 경계를 넘나들며 열 번의 이사를 했으니, 이삿짐을 싸고 서류를 정리하는 데 선수가 되었음은 물론이다.

새벽까지 깨어 있는 새벽별. 새벽별이 아름다운 이유는 그 시간까지 잠들지 못한 사람에게는 위로를 주고, 새벽에 일찍 일어난 사람에게는 희망을 주기 때문이다. 고단하기 때문에 그만큼 보람 있는 삶이다.

절망이란 병을 보다

결혼 생활 동안 부부의 개인적인 삶은 온데간데없고 목사와 그 사모의 삶만 존재했다. 처음 미국에 갔을 때만 해도 나는 학업에 욕심을 두었다. 그러나 병원 일을 하면서 공부하기가 여의치 않아 포기하게 되었는데, 결혼 후에도 나는 공부에 대한 꿈을 놓을 수 없어 남편이 다니던 벨리포지 신학교에 입학했다. 그런데 큰딸을 임신하게 되어 너무 힘들었다. 더구나 교회를 섬기면서 나를 필요로 하는 성도들을 두고 도저히 학업을 이어갈 수 없었다. 애틀랜타로 갔을 때 다시 조지아주립대학에 등록했지만, 이번에는 세 살, 다섯 살, 일곱 살의 세 아이들을 두고 공부하려면 아이들의 희생이 필요했다.

어떤 선택이든 누군가는 희생해야 했다. 나는 내가 희생하기로 결정했다. 그래서 결국 공부를 포기했다. 물론 그 희생으로 더 큰 열매를 얻었지만, 결코 쉬운 선택은 아니었다.

여자로서, 한 인간으로서 희생적인 삶을 살아가면서 나는 다양한 인간 군상과 인간의 맨 밑바닥을 바라볼 수 있었다.

"목사님 사모님이야. 사모님이라고 불러. 아줌마는 너무하잖아."

도움을 주려고 찾아간 교인 집에서 아줌마라 불리거나 심지어 언니라고 불리기도 했다. 잠옷 바람으로 나를 맞이한 사람도 있었다. 백인백색이라고 하는 것처럼 이 세상에는 정말 다양한 사람들이 살고 있었다. 그렇기 때문에 공통적으로 묶어 주는 유대감, 즉 뿌리가 없다면 부평초처럼 정처 없이, 덧없이 흔들리며 살 수밖에 없다.

물론 좋은 미국인 남편을 만나서 사랑받으며, 하고 싶은 공부도 마음껏 하고 좋은 가정을 꾸려 나가는 사람도 많았다. 그러나 대부분은 힘들게 고통받으며 살았다. 내가 당장 그리고 현실적으로 도와주어야 하는 사람들은 그런 부평초 같은 사람들이었다. 한국에서 주한미군과 결혼해서 미국으로 온 여자들 중에는 아메리칸 악몽을 경험하는 경우가 많았다. 한국과 미국의 문화적 차이를 극복하지 못하거나 버림을 받아 오갈 데 없는 경우가 비일비재했다. 돈도 없고, 살 집도 없고, 직장도 없어서 막막하기 그지없는 이들이었다.

반대로 어떤 경우는 착실히 자리를 잡아서 한국의 가족들을 부른 게 화근이 되었다. 한국의 가족들은 미국에서 자리를 잡는 순간, 그들을 부끄러워하며 외면하는 경우가 많았다. 이런 상처를 안은 이들은 죽고 싶다며 세상에 대해 악을 쓰고 욕하며 저주를 퍼부어 댔다. 상처받은 자의 보편적인 반응이다. 어떤 사람은 자해를 하고, 또 어떤 사람은 남을 위협했다.

이민 목회를 하면 일분일초를 다투는 경우가 많다. 교인이 총기나 칼을 들고 있다고 하면 달려가지 않을 수 없다. 자살하려고 약을 먹었다고 하면 더더욱 마찬가지다. 맨발로 달려가서 응급조치를 하고 구급차를 불러 병원에 데려간 사람이 한두 명이 아니다. 어떻게 해서든 교인들의 사고를 막아야겠다는 마음으로 시속 120, 140킬로미터로 마구 달리다 차가 완전히 뒤집어져 화상을 입은 적도 있었다. 차가 반파 혹은 완파되는 교통사고만 여섯 번쯤 당했다.

청소년을 대상으로 하는 목회는 더 큰 폭탄을 안고 사는 것 같았다. 미국은 열여섯 살만 되면 운전면허를 따는 게 가능하다 보니 교통사고도 많았고, 음주나 마약과 관련된 사고도 비일비재했다. 화가 난다고 차를 타고 나가서 추돌 사고를 내거나, 친구들을 태우고 달리다 사망 사고를 일으키기도 했다. 일에 바쁜 부모들이 미처 신경 쓰지 못하는 틈을 타서 친구들과 마약을 하다 걸리는 경우도 많았다. 더욱 나쁜 것은 미국이란 사회는 총기를 마음대로 휴대할 수 있다는 점이다. 욱하는 마음을 이기지 못해서 총을 잡기라도 하면 그야말로 걷잡을 수 없는 사고가 일어났다.

청소년 목회를 하는 동안 남편과 나의 주된 활동 무대는 경찰서

강력계였다. 목사인 남편이 신원보증 서류에 사인을 해서 보석으로 청소년들을 데리고 나왔다. 우리가 유치장에서 데리고 나왔으니 뒷일은 전적으로 우리의 책임이었다.

'만약에 잘못되기라도 하면 어쩌지?'

이런 불안함에 유치장에서 아이를 데리고 나와도 잠을 이룰 수 없었다. 몇 번이고 하나님께 단단히 잡아달라고 눈물로 기도를 한 다음 씻기고 먹여서 재웠다. 다음 날 흥분이 조금 가라앉으면 그때부터 설득해서 타일렀다. 무엇보다 강력한 기도의 힘이 필요했음은 물론이다.

상처 입은 아이들은 화가 난 벌통 같았다. 말이 통하지 않아 좌절하고, 부모의 사회적 지위가 낮아 상처받고, 술과 마약과 섹스, 총기 등 무엇이든 할 수 있다는 데 흥분해서 날뛰었다. 미국의 청소년 마약 및 약물 중독 실태는 심각하다. 70퍼센트가 청소년기에 경험하고 그중에서 10퍼센트가 중독된다는 충격적인 보고도 있다. 나는 한밤중에 눈이 풀린 채 칼을 들고 날뛰는 녀석들을 말리느라 칼날을 맨손으로 덥석 잡아서 손을 베기도 했다.

청소년 목회를 맡았던 8년간은 나나 남편이나 밤에 제대로 잠을 자 본 적이 없을 정도로 고단하기 그지없었다. 목회자 사모가 된다고 했을 때 아직 어린 나는 내심 '우아한 삶' '존중받는 삶'을 기대했는지도 모른다. 내가 한국에서 본 목회자 사모의 삶은 그러했으니까. 남편을 도와 기도로 모든 것을 풀며 화해시키는 조정자 역할을 하리라고 다짐했다. 그러나 현실은 강력계 형사와 비슷한 극한의 긴장과 순간순간 싸워야 했다. 청소년 목회를 8년 동안 하다 보니 갱단과 매춘 조직을 손금처럼 꿰게 되었다. 갱단의 가장 마지막 세부 조직은 청소년들이다 보니 뉴욕에서 활약하는 한국 갱들, 필라델피아에서 활약하는 청소년들 등 지역별로 조직의 계보를 파악할 수밖에 없었다.

그때는 하나님의 품 말고는 안전지대가 없었다. 그중에 가장 블랙 스팟은 교회였다. '설마 교회에서 그런 짓을?'이라고 생각해 단속이 느슨하다는 점을 노리고, 아이들은 교회에서 마약을 주고받았다. 우리는 여리고성을 돌았던 믿음의 조상들처럼 교회와 청소년들을 지키기 위해서 교회 주변을 보안요원처럼 맴돌았다.

'내가 지옥에 있는 건가?'

하늘나라가 아닌 땅은 어느 곳이나 곤고하기 마련이라지만, 순간순간 이런 의문이 들었다.

뿌리를 내릴 때까지는 몸살을 앓는다

낯선 나라로 뿌리를 내리러 온 사람들은 뿌리를 내릴 때까지 몸살을 겪는다. 그것은 육체적, 정신적 몸살을 동반하기 마련이다. 그러다 보니 이민 목회는 절망과의 싸움이었다. 나는 그들이 무사히 미국 사회에 안착할 수 있을 때까지 영적, 물질적 도움을 아끼지 않아야 했다. 최소한 생활을 안정시키면 그들이 사회와 겪는 불화도 줄어들기 마련이다.

나는 그들의 생활을 안정시키기 위해서 일종의 서류 대행 서비스도 도와주어야 했다. 한국과 달리 미국은 각종 서류를 해결해야 하는 경우가 많다. 한국 같으면 제대로 서류를 마련하지 못하더라도 공무원들이 도와주는 인정이 있다. 그런데 이곳은 그야말로 말, 물,

법 모든 것이 낯선 이방 땅이다. 서류가 미비하면 하루아침에 범법자가 될 정도로, 이민자들에게 가장 어려운 것은 서류였다. 법원 서류든, 세무서 서류든 정말로 많이 만들어야 한다. 나는 교인들 덕분에 수없이 법원을 들락거리면서 법률 용어를 익혀야 할 필요성을 느꼈다. 법률 용어는 일상생활에서 쓰는 말과는 달라 특별히 배워야만 쓸 수 있다. 나는 법률 용어를 익히기 위해서 법률 보조원 공부를 했다. 다행히 법률 용어는 의학 용어처럼 전문 용어라 일정 부분만 암기하면 되었다. 덕분에 20년간 법정 통역이 필요한 사람들을 도와줄 수 있었다.

나는 한 사람이 이민을 오면 6개월 동안은 개인 비서가 되어서 미국 생활에 필요한 서류를 챙겨 주고, 은행이나 관공서를 따라다니면서 미국이란 사회에 적응할 수 있게 트레이닝을 시켰다. 관공서에 자유롭게 다니게 되면 비로소 미국에 적응했다고 말할 수 있다.

나는 어떤 일이든 도우려고 했고, 그러다 보니 24시간 동안 나의 개인 시간이 없었다. 심지어 밤에도 교인들의 전화를 받곤 했다. 어떤 날 밤에는 몇 차례씩이나 도움을 청하는 전화가 걸려 왔다. 그런데도 새벽이 되면 어김없이 일어나 새벽기도를 준비했다. 새벽 일찍 일어나서 예배에 오는 사람들을 태우러 차량 봉사를 다니는 것이다.

매춘 현장에서 누군가의 딸들을 구해 오기도 하고, 칼이나 총을 들고 부부 싸움을 하는 사이에 들어가서 맨손으로 흉기를 뺏기도 했다. 그런데도 그 순간만큼은 목숨이 아깝다는 생각이 들지 않았다.

자살 현장에 뛰어 들어가서 구급대를 부른 경우도 몇 번이나 있었다.

'인간은 왜 죽고 싶을 만큼 절망할까?'

그때 깨달은 사실은, 인간은 절대 고단함만으로는 자살하지 않는다는 것이다. 절망해서 죽는다. 누군가 따뜻한 한마디만 건네주고, 안아만 주어도 죽지 않을 사람들인데 혼자이기 때문에 죽어 간다. 약을 먹고 자살 기도를 한 사람을 살려 놓으면, 살아 있는 것에 안도하며 울음부터 터뜨렸다. 그렇게 살아난 사람들은 나중에 자신이 왜 그런 어처구니없는 짓을 했는지 모르겠다고 말했다.

사람은 자기 자신과 하나가 될 수 없을 때 절망에 휩싸인다. 자신이 누구인지 모르고, 어디로 가야 하는지도 모르고, 자신이 무엇을 해야 하는지 알고 싶지도 않을 때 죽음보다 강한 절망에 빠져든다. 자살이든 범죄든 한순간이 문제인 것이다. 나는 그 한순간을 막기 위해서 온 힘을 다했다. 사역을 하는 동안 그들의 가슴을 쾅쾅 두드리면서 사면이 막혀도 하늘의 문은 열려 있다는 것을 전했다.

Part 2

사방이 막혀도 하늘만은 열려 있다

인생의 많은 순간에 예기치 않은 어려움으로 고통을 받았다.

하지만 나는 아무리 지쳐 쓰러져도 다음 날이면

다시 새 힘을 얻어 일어났다.

삶의 방향이 사방으로 막혀 있더라도

하늘만은 높이 뚫려 있었기 때문이다.

살다 보면 혼자가 될 때도 있다

한 번도 돈 때문에 힘들어 본 적 없는 사람은 자신의 인생이 앞으로도 그러할 것이라고 생각한다. 가족과 화목하게 살고 있는 사람들은 언제까지나 그렇게 행복할 수 있으리라 생각한다. 사람들은 자신이 갖고 있는 것들이 얼마나 쉽게 부서지는지 모른다. 하나님이 거두어 가시면 욥처럼 자녀, 재산, 건강 그 모든 것을 하루아침에 잃어버릴 수 있다. 남편이 집을 나가기 전까지 나도 그러했다. 부자로 살지는 않았지만 모자란 적도 없었다. 화목했고, 서로 존중했으며, 아이들을 사랑했고, 교회를 위해 헌신했다.

그러나 남편이 목사를 빙자한 아프리카 사기꾼들에게 속아 모든 재산, 심지어 상속받을 재산까지 날려 버린 뒤 상황은 하루아침에 달라졌다. 아무리 어려운 사역 가운데서도 한 번도 싸우지 않았던 우리는 싸우기 시작했고, 서로에게 원망하는 말을 쏟아 놓기 시작했으며, 더 이상 누군가를 위해 헌신할 수 없었다. 그러자 애써 일군 교회조차 쳐다보지 않게 되었다.

'어떻게 그럴 수가 있을까?'

신실하던 가정은 이렇게 단번에 깨져 버렸고, 든든한 반석 위에 올려져 있다고 믿었던 교회도 그렇게 무너져 버렸다.

불행은 모두를 전염시킨다. 불행을 끝내는 방법은 그것과 이별하는 것이다. 극복은 하루아침에 할 수 없지만 단절은 그보다는 쉽지 않겠는가. 그러나 남편은 자신의 불행과 단절하지 못한 채 자신의 모든 것을 내려놓고 종적을 감춰 버렸다.

덕분에 서른여덟 살의 나에게 남겨진 것은 주변 사람들의 수군거림과 아이 셋, 그리고 짓밟힌 내 자존심과 깊이를 알 수 없는 상처가 전부였다. 심지어 남편은 마이너스 통장에서까지 돈을 빼서 사기꾼에게 넘겨주는 바람에 신용불량자까지 되어 있었다.

나의 인생은 어느 날 갑자기, 내가 긍휼히 여기고 도움을 주던 최악의 상황에 처한 사람들과 같은 모습이 되었다. 나는 사태를 이 지경으로 만든 남편에 대한 원망과 안타까움, 앞날에 대한 두려움에 몸을 떨었다. 굳건하다고 생각했던 내 안의 믿음조차 시들어 갔다. 나는 같은 한국 사람을 만나기가 두려웠다. 그들의 수군거림은 창처럼 날카로웠다. 한국 사람들이 다니는 교회를 피해 미국 사람들이 다니는 교회로 갔다. 시장조차 한국 사람들이 가는 데는 가지 않았다.

아침에 눈을 뜨는 것이 두려웠다. 고난을 당하느니, 이대로 그만 죽고 싶었다. 주변 사람들은 내가, 아니 우리 가족이 당한 고난을 두고 뒤에서 수군거렸다. 어제까지만 해도 서로 사랑한다고 믿던 사람들이 하는 말들은 폐부를 깊숙이 찔렀다. 욥의 친구들처럼 위기의 순간에 그들도 돌아섰던 것이다.

그동안 나는 하나님을 위해 목숨을 걸고 일하고 있다고 생각했다. 우리 가족을 향해 손가락질하는 그들은 바로 며칠 전까지 내 목숨을 걸고 섬겼던 이들이었다. 차가 전복되고 권총이나 칼을 맨손으로 막으면서 그들의 안전을 위해 나서는 동안, 내 몸은 고단하여 아이를 두 번이나 자연유산하기도 했다. 그렇지만 그들을 섬기는 것을 멈추지 않았고 내 목숨처럼 사랑했다.

'주님의 일을 위해 최선을 다했어요. 더 이상 어떻게 헌신할 수 있겠습니까!'

나는 이렇게 원망했다. 그러나 나는 철저하게 잘못 생각하고 있었다. 예수님이 원하시는 것은 예수님과 늘 함께하는 삶이었다. 나는 예수님을 위하는 삶을 산다고 생각했는데, 그것이야말로 교만이었다. 그것을 알려 주기 위해서 나에게 그 자리에서 내려오게 하셨는지도 모른다. 더구나 내가 앉아 있던 그 자리는 에스더의 왕좌가 아니라 유리 의자에 불과했다. 인간이 만든, 인간 세상의 모든 자리들은 조그만 충격에도 금이 가는 유리로 만든 자리다.

하나님이 나에게서 모든 것을 앗아 가시는 몇 달 동안 나는 선의니 혹은 의로움이니 하는 표정 뒤에 감춰진 인간의 맨 얼굴을 보았다. 이웃을 사랑하라고 하지만 정작 이웃의 고통을 외면하고, 고통을 칼로 도려내는 짓을 하는 모습을 본 것이다. 기도하라고 하면서, 정작 기도해 주는 사람이 없는 삭막한 모습이었다. 고통받는 자에게는 주님이 주시는 무조건적인 위로 말고는 그 어떤 것도 힘이 될 수 없다. 아니, 주님 말고는 사망의 늪에서 구원할 수 있는 존재가 없다는 것을 나 자신이 산산이 깨어지면서 깨닫게 되었다.

이제 나에게 유리로 된 왕좌는 없다. 고난이 나를 진정한 에스더로 거듭나게 만든 것이다. 남편이 행적을 감춘 것을 놓고 사람들은 "분명 벌받을 만한 일을 한 거야"라는 말로 수군거렸지만, 끝내 그것이 나의 믿음의 뿌리를 뽑지는 못했다. 하나님은 나의 영혼이 교만, 아집, 자랑, 의로운 척 모두를 버리고 다시 겸손해지게끔 만들어 주시며, 두 가지 생각과 얼굴을 가지지 않는 어린 아이처럼 순진하게 만들어 주셨다. 그리고 "내 딸아"라고 그 누구보다 따뜻하게 나를 안아 주셨다.

고난은 누구에게나 다가온다. 어느 날 다리가 무너지는 것처럼 밟고 있는 땅이 무너지기도 하고, 잡초처럼 뿌리째 뽑힐 때도 있다. 가족을 잃어버리기도 하며, 파산하기도 한다. 이때 그 고난을 어떻게 받아들이느냐에 따라서 남은 인생이 결정되는 것은 아닐까? 아니, 받는 축복의 크기가 달라지는 것은 아닐까?

아이들은 어머니의 눈물로 자란다

힘들 때는 누구나 한 번쯤 죽음을 생각하게 된다. 극약을 먹고 위세척을 한 뒤 깨어난 사람들, 칼이나 총을 내려놓은 사람들이 제정신으로 돌아왔을 때 내게 가장 먼저 한 말은 "고맙다"는 말이 아니라 "앞으로 어떻게 살아야 하느냐"는 울부짖음이었다. 나는 그때마다 그들에게 순간순간을 살면 된다고 말해 주었다. 순간순간을 살아내다 보면 며칠이 되고, 1년이 된다고. 그리고 그 말은 고스란히 내게 다시 돌아왔다.

그러나 믿음이 아무리 깊다 한들 인간은 흔들린다. 나는 잠자리에 들면서 내일이 없었으면 좋겠다고 생각하며 눈을 감곤 했다.

"어머니, 나 너무 힘들어서 죽고 싶어요."

"애들은, 애들은 어떻게 할 건데?"

너무 힘든 나머지 속마음을 꺼내자, 어머니는 덤덤하게 대답했다. 위로의 말 한마디 없었다. 그런데 바로 그 말이 나를 다시 일으켰다. 애들을 보니, 특히 열 살짜리 막내의 얼굴이 눈에 밟혀 살 수밖에 없었다.

흔히들 절망의 순간에도 용기를 내서 일어나는 사람을 독하다고 하지만, 그렇지 않다. 바람을 한 번 견뎠다고 흔들리지 않는 건 아니다. 들판의 풀처럼 흔들리며 일어서는 것이다. 그들은 매순간 흔들리지만 그때마다 새로운 용기를 공급받음으로써 살아가는 것이다. 반대로 모든 것을 놓아 버리고 죽는 사람들이 진짜 독한 사람들이다. 어떻게 자식을 마음으로부터 놓을 수 있겠는가.

"아이들은 엄마의 희생으로 살아간다. 눈물로 잘 키워라."

그날 밤, 어머니한테서 들은 이 말을 나는 흔들릴 때마다 되뇌었다. 어떨 때는 하루에도 수십 번을 되뇔 정도로 하루하루가 고통이었다. 어쩌면 흔들리는 것은 당연한 것이다. 매순간 하나님이 붙들어 주시고, 순간순간 붙들어 주시더라도 그것을 잊을 때마다 흔들린다. 하나님께서 나와 함께하신다는 것을 어떻게 단 한순간도 잊지 않고 살 수 있겠는가. 인간이기 때문에 때로는 그 사실을 잊고 방황도 하는 것 아니겠는가.

나는 약한 울보 엄마였다. 힘들어서 울고, 억울해서 울고, 속상해서 울었다. 그때마다 아이들이 "엄마, 울지 마"라고 위로했고, 그 위로 덕분에 나는 오뚝이처럼 일어섰다. 아이들이 있음으로 견뎌야 할 일이 많았지만, 거꾸로 아이들이 있음으로 기쁨과 성취가 있었다. 그렇게 우리 가족은 함께 노력하며 여기까지 온 것이다.

지나고 나서 보니 지옥 같았던 그날 밤, 어머니가 해 주신 한마디 "아이들은 엄마의 희생으로 살아간다"라는 말이 맞았음을 인정한다. 한순간이라도 아이를 두고 죽을까 생각했던 내가 틀렸음을 고백한다. 나중에 들은 이야기지만, 큰딸이 "엄마도 도망갈까 싶어서 밤에 깊은 잠을 이루지 못했다"라고 하는 말을 듣고 가슴이 아렸다. 막내뿐 아니라 큰딸과 아들에게도 엄마는 매순간 필요했다. 모든 아이들에게 엄마는 늘 필요하다.

'인생의 긴 여정에 하나의 점을 찍기 위해 그렇게도 울부짖었나?'

나는 그 고통스러운 밤을 지나고 나서 훗날 이렇게 시를 썼다.

맞다. 고통스러울 때는 울부짖을 수밖에 없다. 지나고 나서야 푸른 하늘을 한 번 쳐다보고, 황금빛 들판을 한 번 바라보며 무지개를 기다리지만, 그때는 그럴 수밖에 없다. 그러나 그렇다고 해서 울부짖고만 있어서야 되겠는가.

어떤 방향으로든 하늘은 막힌 데가 없다

아침에 눈을 떴을 때 수중에 단돈 5달러가 없어서 걱정인 적이 있었다. 가장이 없다는 건 정신적으로 집안의 기둥이 없다는 것만 뜻하지 않는다. 그 전까지만 해도 단 1원의 빚도 지지 않고 살던 내게 경제적인 어려움은 시시때때로 덮쳐 왔다.

경제적으로 독립하기 위해서 백방으로 노력할 때, 마침 지인이 애틀랜타 한인 방송국을 개국하려 준비하고 있었다. 나는 방송에 대해 아무것도 몰랐지만 일단 지원부터 하고 봤다. 모르는 것은 배우면 되는 것이고, 이왕 배우는 김에 밑바닥부터 해 나가자는 각오였다. 더 이상 물러날 데가 없어서 갑자기 용기가 생기는 건 아닐 것이다. 용기란 두려움을 떨치고, 하나하나 도전해 나가는 데서 생긴다.

나는 남들이 하기 싫어하는 화장실 청소부터, 직원들 식사 준비, 사무실 청소까지 손길이 미치는 범위 내에서 최선을 다했다. 목사님의 사모라는 위치에서 살았던 것은 과거였다. 과거에서 벗어난다는 것은 두 가지 의미가 있다. 과거의 고통에서 벗어나는 것, 그리고 과거의 혜택에서 벗어나는 것. 이 두 가지는 따지고 보면 서로 깊은 연관이 있다. 새로운 출발을 위해서는 낮아지고 또 낮아져야만 하는 것이다.

'하나님, 감사합니다.'

새로운 일은 나에게 기도가 절로 나오게 했다. 모든 일이 새로웠지만 일하는 틈틈이 방송 기자재를 익혀 나갔다.

나이가 들어서 무엇인가 새로 배우는 건 어렵다고 말한다. 그러나 내 안에 있던 자아가 철저히 부서졌기 때문인지, 모든 것이 백지와 같은 상태여서인지 '기계라면 복잡하다' '만지기 어렵다'는 부정적인 생각은 없어지고 배우려는 의지가 발동했다. 그러자 '아, 이렇게 재미있는 게 있었네!' 하는 긍정적인 생각이 나를 지배했다. 하나하나 새로운 것을 알아가다 보니 새로운 일에 대한 기대가 더욱 생겼다. 일을 시작한 지 몇 달쯤 되자 편집기를 비롯해서 방송국에 있는 기계를 모두 다룰 수 있게 되었다. 몇 달 뒤에는 송출까지 하라면 할 수 있을 정도로, 송출 관련 기계까지 모두 익히게 되었다.

편집기로 촬영한 필름을 잇기도 하고, 자르기도 하고, 그것에다 배경음악이나 음향 효과를 입히고 자막을 넣기도 했다. 그 외에도 화면을 밝게도, 어둡게도, 분할하기도 하는 등 다양한 테크닉을 익혀 나갔다. 방송은 0.1초만 틀려도 연결이 매끄럽지 않은데, 어느 순간 기계보다 더 정확하게 그 지독한 초 싸움을 해내고 있었다. 초보 방송인이라고는 누구도 생각지 못할 정도로 스팟 광고까지 능숙하게 편집했다.

입사한 지 몇 달 되지 않아 나는 큐시트를 써서 방송 시간표를 정리하고, 대본을 만들고, 그것을 가지고 진행을 하고, 찍은 걸 편집하고, 그것을 송출까지 하고, 광고를 따 와서 방송국 운영자금까지 마련하고 있었다.

덕분에 처음에는 프로그램 사이사이에 음향 효과를 넣거나 광고를 넣는 일부터 시작했지만, 몇 개월 후에는 제작에 직접 참여하게 되었다. 제작회의에 스태프로 참여하는 건 물론 방송 운영 및 경영에까지 관여하게 되었다. 방송국의 모든 사정을 꿰게 된 덕분에 새로 뽑은 직원들을 교육하는 역할도 맡았다. 어느덧 아나운서 교육은 물론, 제작 실무까지 지휘하는 방송국 총책임자가 되어 있었다.

미국의 한인 방송이라는 게 처음에는 한국에서 제작한 것을 받아서 자막을 붙이고, 광고를 붙여서 나가는 경우가 많다. 그러다가 점차 자체 제작 프로그램을 늘려 간다. 현지에서는 자체 제작물이 훨씬 인기가 있다. 라디오 방송으로 시작한 방송일을 텔레비전 방송까지 확장하고, 편집에서 제작까지 맡게 된 나는 이후 토크쇼를 진행해 보라는 제안까지 받게 되었다. 대중 앞에서 떨지 않고 또박또박 말하는 재능이 방송국에서 발휘되기 시작했다.

하나님께서 마음속의 기도를 어떻게 아시고 이런 기회를 주셨는가 하는 놀라움이 앞섰다. 처음 방송 일을 배우면서 '언젠가는 토크쇼를 진행해 보고 싶어요'라는 기도를 남몰래 했었다. 나이 마흔에 전혀 해 보지 않은 방송 일을 하는 것도 놀라운데, 토크쇼 프로그램을 직접 제작하고 진행까지 하다니!

나에게 또 다른 숨은 재능이 있었던 것이다. 나의 생활기반이 모두 깨어지는 고통은, 말 잘하던 어린 시절과 모험을 기꺼이 받아들이던 20대에 간직해 두었던 숨은 재능을 일깨우는 마중물이 되었다. 고통을 기꺼이 받아들이되 절망하지 않고, 구하는 것으로 기적이 일어났다. 나는 1년 사이에 마치 롤러코스트를 타듯이 인생이 드라마틱하게 전개되는 걸 내 눈으로 지켜보았다. 하나님은 하루아침에 다 뺏어 가시고, 새로운 것으로 다시 가득 채우고 계셨다.

인간의 능력이란 얼마나 무궁무진한가! 사람은 어떤 경우든 닥치면 해낼 만한 능력이 있다. 그것을 두려움에 떨며 발휘하지 않을 뿐이다. 위기의 순간에는 닥치는 대로 하라! 평소에는 못한 걸 해낼 수 있는 때가 바로 위기의 순간이다. 누구나 위기를 인생의 새로운 기회로 만들 수 있다.

모든 사람 속에는 200퍼센트의 힘이 숨어 있다

인간은 환경에 적응하게 되어 있다. 편안한 환경이든 척박한 환경이든 그에 맞게 적응하게 된다. 애틀랜타의 기름진 땅에 사는 민들레는 뿌리가 10센티미터도 안 되지만, 몽골의 민들레는 뿌리가 물과 양분을 찾아서 땅속으로 훨씬 깊이 내려간다. 인간도 민들레처럼 생존 앞에서 그 뿌리가 질겨지고 한없이 깊어지는 기적을 발휘한다.

방송인으로서의 나의 능력은 생방송 프로그램을 제작하면서 더욱 발휘되었다. 초청하는 인물은 정치가나 변호사, 부동산업자, 사업가 등 다양했다. 심지어 선거철이 되면 주지사나 시의원 후보도 출연해서 시사토론을 벌이기도 했다. 그때그때 필요한 프로그램을 짜는 일도 힘들거니와, 그에 맞는 사람을 섭외하는 일도 만만치 않았다.

"우리 방송에 출연하는 게 당락을 좌우할지 모릅니다. 한인들의 파워도 무시 못 하니까요."

이렇게 어르고 달래서 주지사 후보를 출연시켜 시청자들의 이목을 집중시켜 나갔다. 그렇게 방송사의 권위, 한국인으로서의 권위를 만들어 나간 것이다. 미국 내에서 재미교포의 위치는 미미한 편이다. 성공한 개개인은 있지만 수적으로 워낙 적기 때문이다.

한국에서 오는 유명 인사들이 방송 섭외 영순위였는데, 대통령 후보는 물론, 엔터테인먼트계의 대통령이라 불리는 특급 연예인들도 곧잘 섭외해 냈다. 콧대 높은 기획사인 JYP, SM, YG 등의 연예인을 섭외해 무대에 세웠다. 나는 그들의 매니저 전화번호도 모르고, 개인적인 친분도 없었다. 다짜고짜 사장을 바꿔 달라고 해서 직접 협상을 벌여 나간 것이다. 만약에 우리가 돈이 많다면 상황은 다르다. 그들이 올 때 따라오는 코디네이터, 헤어디자이너 등의 스태프 비용을 지불할 능력이 된다면, 혹은 출연료가 비싸다면 그들도 기꺼이 태평양을 건널 것이다. 그러나 나는 적은 비용으로 섭외를 성사시켰다. 당시 인기의 상종가를 달리던 이정현과 핑클의 무대도 이렇게 마련했다.

다채로운 기획 덕분에 방송사는 점점 영향력을 발휘해서 규모가 커졌다. 나는 연예인들과 직통 전화번호를 주고받을 정도로 친분을 이어 갔다. 그들이 미국에 오면 숙소도 안내하고, 식당이나 관광지를 안내하며 그들의 노고에 대해서 인간적으로 인사를 했기 때문에 가능했을 것이다.

돈이 많지 않은 작은 방송사였지만, 그들이 기꺼이 애틀랜타 한인 방송 무대에 선 데는 눈에 보이지 않는 이유가 있었다. 이렇게 '봉사'에 가까운 무대를 서고 나면 신인 그룹의 경우 한국에서 떴다. 그러다 보니 '해외 공연을 하고 나면 뜬다'는 소문이 만들어졌다. 왜 그랬는지는 모르겠다. 내가 그들에게 감사하는 마음으로 그들의 앞길이 창창하기를 기도해 주어서일까? 아니면 미국 무대에 섰다는 게 홍보가 잘 되어서일까?

방송국에서 보낸 3년 동안 나의 머리와 핸드폰은 늘 진동 상태였다. 한시도 쉬지 않고 울려 댔다. 1인 5역 이상을 하는 것이 어떻게 가능했을까? 지금 생각하면 신기한 노릇이지만, 그때는 그 모든 것이 가능했다.

'이것을 반드시 해야 한다. 하지 않으면 안 된다.'

이런 마음이 불가능해 보이는 벽들을 넘었다고 생각한다. 많은 사람이 정치인이나 대형 기획사를 상대할 때 '내가 어떻게 감히…'라고 생각한다. 그렇게 생각하면 결코 그 벽을 넘지 못한다. 이 세상에 넘지 못할 벽은 없다. 때로 돈키호테처럼 무모하게 도전해야 할 때가 있다. 그때 용기를 가지고 도전하면 상상한 것보다 훨씬 많은 것을 얻을 수 있다. 실패할 것을 두려워하면 아무것도 할 수 없다. 도전하면 얻을 것이고, 도전하지 않으면 얻지 못할 것이라고 단순하게 생각하라! 시장이 반찬인 것처럼, 필요가 실행을 낳는 법이다.

사람에 열린 집

돈은 하나도 없는데, 머물 집도 없었다. 아이들은 셋인데 그것도 아들과 딸이다. 미국에서는 남자 아이들과 여자 아이들이 한 방을 쓰지 못하도록 법적으로 규제한다. 거기다 남동생과 외할머니도 와 계셨다. 우리는 모두 일곱 식구로 방 세 칸짜리 집에서 살고 있었다. 우리에게는 최소한 방이 네 칸 이상인 집이 필요했다.

"하나님, 돈은 없는데 애들은 커 갑니다. 우리에게 집이 얼마나 필요한지 아시잖아요."

나는 기도하면서 새로 주택을 짓고 있는 동네를 뒤지기 시작했다. 마음에 드는 집을 발견했는데, 아직 공사 중이었다. 공사 중인 집을 구석구석 돌아보니 방이 다섯 개, 화장실이 세 개, 거실도 두 개나 되었다. 그 집을 팔지 안 팔지도 모르는 상태에서 나는 석 달 동안 매일 같이 그 집 문설주를 잡고 이 집을 나의 집으로 만들어 달라고 기도했다. 그리고 이렇게 약속했다.

'이 집을 제게 주신다면 필요한 사람을 위해서 문을 열어놓겠습니다.'

선교사님들의 숙소로, 그리고 위로가 필요한 사람을 위해 활용하겠다고 말이다. 어느 순간부터 집은 단순히 비바람을 막아 주는 공간이 아니라 믿음과 나눔의 공간이라는 생각을 하게 되었다. 우리가 편히 쉴 수 있고, 지친 나그네도 쉬게 할 수 있는 공간 말이다.

그때 내 수중에는 단돈 몇 천 달러도 없었다. 그런데도 새 집을 달라고 기도하다니!

기도하는 동안 나의 기도가 불가능하지만은 않은 일이라는 걸 알았다. 꿈을 꾸면 꾸는 대로 이루어져 왔기 때문이다. 여리고 성을 일곱 번 돌며 기도하여 그 성을 정복했던 여호수아와 이스라엘 민족에 대한 성경 속 이야기처럼, 나는 매일 집을 붙잡고 기도했다. 지금 당장 감당하기에는 집값이 너무 비쌌지만 주인에게 10퍼센트 깎고, 들어갈 때 어느 정도 내고, 그리고 살면서 갚으면 될 터였다. 기도대로 몇 달 뒤에 그 근사한 집은 우리 집이 되었다. 좋은 주인을 만나 몇 번의 협상 끝에 계약금을 두 번이나 깎을 수 있었다. 이번에는 내가 하나님께 한 약속을 지킬 차례였다.

그 집에 입주한 이래, 우리 가족은 단 한 번도 우리 가족끼리만 살지 않았다. 한국에 있는 친척들부터 시작해서 동생 부부, 유학생, 재난을 당한 교인들이 우리 집에 머물다 갔다. 짧게는 방학 동안, 유학 생활이 자리 잡히는 6개월, 혹은 생활 기반이 잡힐 때까지 1, 2년 등 다양한 기간 동안 머물렀다. 한두 사람이 머물다 가면서 우리 집은 금세 '손님에게 대문이 열려 있는 집'으로 소문이 났다. 우리 집에는 언제, 어디서, 누가 올지 몰랐다. 갓난아기도 있었고, 유치원생, 초등학생들도 머물다 갔다. 나는 그 집이 아니었다면 결코 알 수 없었을 사람들과 관계를 맺게 되었다.

물론 집의 개방에 대해 아이들에게 미리 동의를 구한 것은 아니었다. 집의 문을 열어젖힘으로써 불편 아닌 불편을 겪은 사람은 아이들이었다. 우리 집에 누가 온다고 하면 막내딸은 첫째의 방으로 짐을 싸서 옮기고, 아들은 애초부터 외할머니와 함께 방을 썼다. 꼬마들이 와서 뛰고 소리 지르고 자신들의 물건을 만지는 것을 좋아할 사람은 없다. 내 방에서 내 마음대로 음악을 들을 수도 없고 심지어 공부하는 데도 방해받는다면 아마도 입부터 쭉 내밀 것이다. 특히나 한창 예민한 사춘기라면 말이다.

하지만 그런 나눔은 우리 가족에게도 축복이 되었다. 세 아이는 우리 집에 머무는 어린아이들을 돌보며, 다른 사람들이 편히 있다 가게끔 많은 배려를 해 주었다. 어릴 때부터 이렇게 살다 보니 내 것을 선뜻 내줄 줄 아는 아이들이 된 것이다. 또한 다른 사람을 대하는 태도가 또래 아이들에 비해서 어른스럽게 되었다. 우리가 베푼 것보다 더 많은 것을 얻은 셈이다. 나는 아이들에게 지금도 감사한 마음을 가지고 있다. 아이들이 싫어하면 할 수 없는 일이었기 때문이다.

그 집에서 사는 데는 나의 수고도 많이 필요했다. 집에 들어가는 생활비와 유지비는 고스란히 나의 몫이 되었기 때문이다. 냉장고를 채워 넣기 무섭게 식료품이 금방 동이 났다. 우리 집은 흡사 2차 세계대전 때 안네 프랑크가 숨어 살던 집 같았다. 넓디넓은 미국에서 세상의 피난처 노릇을 한다는 의미에서 말이다. 다만 냉장고에 음식을 넣어 놓아도 각자 자신의 것만을 고집하거나 욕심을 부리는 일이 없어 다툼이 일어나지 않았다는 점은 달랐다. 개인주의의 나라 미국에서 우리 집이 공유와 배려가 가능한 공간이란 사실이 나에게 크나큰 기쁨을 주었다.

집에 머무는 사람에게는 아무것도 요구하지 않았다. 그들은 다른 사람에게 그들이 받았던 것을 기억하고 그대로 나눌 터였다. 어려울 때 도움을 받은 사람은 어려움에 처한 사람의 마음을 더욱 잘 헤아려 줄 수 있다. 그 집을 통해 가장 많은 복을 받은 것은 다름 아닌 나였다. 많은 사람을 알게 되었고, 무엇보다 그 집에서 우리 가족이 아름답게 성장해 갔기 때문이다.

무릇 복은 나누면 나눌수록 커진다는 성경 속 말씀의 원리를 우리는 또 이렇게 아름답게 체험했다.

마음을 얻으면 안 풀리는 일이 없다

살면서 나는 매순간 사람에게 배운다. 하나님이 자신의 형상대로 빚어서 내게 필요한 지혜를 알려 주기 위해 보내 주시는 사람들. 나는 꼭 필요한 순간에 필요한 사람을 만났다. 아이를 키우기 위해서 간절히 돈을 벌어야 했을 때, 하나님은 사람들을 통해 돈을 벌게 해 주셨다.

방송국 일은 재미도 있고 보람도 있었지만 방송국을 남미계 이민자들에게 세를 주는 바람에 일을 그만두게 되었다. 그리고 2002년부터 애틀랜타 시내에 있는 고급 복합쇼핑몰, 그러니까 일종의 백화점 같은 곳에다 '조이패션'이란 액세서리 가게를 열었다. 또 한 번의 새로운 도전이 시작되었다. 한 번도 사업을 해 본 적이 없는데 어디서 그런 용기가 났는지 모르겠다.

미국 사람들은 액세서리를 좋아한다. 그들은 옷에 맞춰서 액세서리를 다양하게 바꿔서 하기 때문에 수요가 많아 잘만 하면 승산이 있겠다는 생각이었다. 권위적인 사람들이라면 내가 더 하찮은 자리로 갔다고 생각할 수도 있다. 작은 방송국일망정 총책임자의 자리에 있다가 이제는 손님을 모셔야 하는 세일즈 우먼이 되었으니 말이다.

하지만 조이패션은 얼마 가지 않아서 입소문을 타 애틀랜타 사람들이 가장 아끼는 가게가 되었다. 내가 잘해서라기보다 많은 사람의 도움으로 운영되었기 때문이다. 사람들은 자신이 사랑하는 것은 아끼기 마련이다. 사랑하면 하나라도 더 잘되게 도움을 주려고 한다. 손님들의 사랑을 받은 것, 사람들의 마음을 얻은 것이 사업 성공의 비결이라면 비결이다.

'사람들 모두에게 기쁨이 되는 곳으로 만들어 주세요.'

'조이패션'이라고 이름을 지을 때부터 나는 마음속으로 그렇게 기도했다. 그리고 가게에 오는 사람들에게 '기쁨'을 주어 보내기 위해서 노력했다. 손님을 물건을 사 가는 사람이 아니라, 내가 대접해야 하는 사람으로 대한 것이다. 항상 웃으면서, 그리고 겸손한 마음으로 사람들을 대했다.

일하다 보면 귀찮은 손님도 많다. 한창 바쁜데 말을 걸면서 자신의 인생을 한탄하는 사람, 사지는 않은 채 구경만 하는 사람, 판매하는 사람이 시녀라도 되는 듯이 이것저것 부리기 좋아하는 사람 등 쇼핑몰에 오는 사람은 다 제각각이다. 그렇더라도 가게에 머무는 시간 동안에는 그들 한 사람 한 사람에게 좋은 시간이 되게끔 노력했다.

"오늘 무슨 좋은 일 있어요?" "오늘은 특별한 날인가 봐요?"

인사를 하더라도 의례적인 인사가 아닌, 마음이 담긴 인사를 했다. 혹시 안색이 나빠 보이거나 슬퍼 보이면, 위로의 말을 건넸다. 그러다 보니 사람들이 조이패션에 가면 기쁨이 생긴다고 입소문이 나기 시작했다.

그러자 자신들이 조이패션의 주인이라도 되는 듯이 '어떤 것을 갖다 놓아 달라' '뭐가 인기가 있다' 등등의 조언을 아끼지 않았다. 나는 그러면 발품을 팔아 가며 그들이 원하는 것을 만족시켜 주었다.

손님 중에는 사업적 지혜를 주는 사람도 있었다. 그를 만난 건 개업한 지 얼마 되지 않아서였다. 은퇴한 노인이 무료해서 쇼핑몰에 나와서 구경 다니는 것이라 해도 액세서리 숍은 그에게 어울리지 않아 보였다. 하지만 나는 그에게 커피를 대접하면서 말동무를 해 드렸다.

어느 날, 그가 나를 가만히 불렀다. 알고 보니 그는 40여 년 동안 그야말로 안 해 본 일이 없을 정도로 많은 사업을 한 백만장자였다. 그가 한 사업만 해도 자동차 부품, 생활용품 등 분야를 일일이 열거하기 어려울 정도로 다양했다.

그는 매장 물건을 전시하는 방법 등 운영에 대해서 "이렇게 해 보는 건 어때요?"라고 지나가는 말처럼 한마디씩 툭툭 던졌다.

"지금 당장 유행하는 것들을 갖다 놓으세요."

"당신이 좋아하는 게 아니라, 손님들이 좋아하는 것을 갖다 놓아야 해요."

그의 조언들은 너무나 당연한 말이었다. 그러나 당연하기 때문에 미처 생각하지 못한 부분도 있었다. 나는 그의 조언들을 곰곰 새겼고, 진열하거나 물건을 사러 갔을 때 염두에 두었다.

그의 말대로 매장 진열을 바꿨더니 훨씬 결과가 좋았다.

'매장 분위기와 상품 위치에 따라서 고객들의 구매 여부가 결정되는구나.'

나는 그야말로 돈을 주고도 못 사는 귀한 사업의 ABC를 하나하나 알아 갔다. 그리고 열심히 노력했다. 그 뒤부터는 좀 더 세심하게 진열하고, 유행을 읽기 위해 잡지나 방송을 유심히 봤다. 유명한 배우나 가수가 방송에 착용하고 나왔다 하면 그야말로 날개 돋친 듯이 팔려 나가기 때문이다.

그리고 늘 다른 사람들의 조언에 귀를 열었다.

'나는 처음 시작하는 사람이고, 아무것도 모르는 사람이다. 그러니까 항상 귀를 열어 놓자.'

이렇게 겸손하게 몸을 낮추자 내 고집을 부리지 않게 되었다. 그 후로도 내게 필요한 말을 해 주는 좋은 사람들을 계속해서 만나게 되었음은 물론이다.

나눔 효과

간절하면 이루어진다. 간절히 기도만 해서 이루어지는 게 아니라, 간절히 구하면 분명 어떻게 해야 하는지 깨달음이 온다. 그러면 그때 그에 걸맞은 노력을 하면 된다. 타이밍과 노력이 일치하면 백 퍼센트 성공한다. 그리고 무엇보다 다른 사람들에게 기쁨을 나누고자 하는 마음은 더 큰 결실을 얻게 된다.

"빨간색과 파란색이 섞인 머플러가 필요해요. 사이즈는 이만하면 좋겠어요."

그러면 나는 도매상에 물건을 사러 갈 때, 가게를 다 뒤져서라도 반드시 구해서 손님이 다음에 왔을 때 전달해 주었다. 손님들은 물건을 사면서도 "고맙다"고 말하며 선물을 받은 것처럼 좋아했다. 그

머플러는 내가 자신을 위해 얼마나 노력했는지를 보여 주는 아주 특별한 물건이기 때문이다. 머플러 하나 더 팔아서 얼마만큼의 돈을 벌겠는가? 나는 수익보다도 그를 진정으로 기쁘게 해 주고 싶어서 수고를 아끼지 않았다.

여자들은 우울할 때, 혹은 기분 전환이 필요할 때 자신을 위해 작은 사치를 부린다. 립스틱 같은 화장품이나 비싸지 않은 액세서리들을 사기도 한다. 그런데 아이가 있으면 단 5분간의 쇼핑도 힘든 게 사실이다. 나는 엄마를 따라온 꼬마들에게 작은 실반지를 선물했다. 작은 손가락에 반지를 끼워 주면 아이는 너무 좋아서 가게를 나갈 때까지 행복한 웃음을 지었다. 그러다 보니 오히려 엄마보다 엄마를 따라오는 꼬마 손님들이 더 좋아하는 곳이 되었다. 그렇게 한 번 들렀다 가면 "엄마, 조이 쇼핑 가자!"라며 엄마 손을 끌고 왔다.

기분 전환으로 아이쇼핑을 하는 사람들에 대해서도 나는 늘 호의적으로 대했다. 필요 없는 걸 충동적으로 잔뜩 사다가 쟁여 두는 건 스트레스라는 것을 나도 잘 알았으니 말이다.

지나가는 사람들도 조이패션 앞에서는 발걸음을 멈추었다. 매장 앞에서 모델이 스카프나 머플러의 다양한 활용 팁을 보여 주도록 해서다.

"조이패션에 오면 행복해요."

가게 앞에서 구경만 하고 가는 사람도, 빈손으로 나가는 사람들도, 쇼핑백을 들고 나가는 사람도 이런 말을 남겼다. 그런 사람들의 마음이 행복한 공기를 만든 모양이다. 나는 가격도 이왕이면 다른 데보다 싸게 팔았다. 나의 이익을 나누려고 한 것이다. 물건을 싸게 파는 대신 많이 팔아서 모자란 부분을 보충하거나 도매상에서 물건을 해 올 때 발품을 많이 팔아 최대한 싸게 사는 것으로 보충했다. 도매상을 다니다 보면 싼 물건으로 소매상들의 눈길을 잡고는 다른 물건을 비싸게 파는 경우가 있는데, 그것은 도매상만의 판매 전략이다. 나는 그런 경우 귀찮다고 생각지 않고 좀 더 싸게 살 수 있는 데를 찾기 위해 발품을 팔았다.

조이패션에서 일하는 직원을 위해서도 노력했다. IMF가 터졌을 때는 한국인 유학생들이 학비를 내지 못해 한국으로 다시 돌아가는 경우가 많았다. 나는 이왕이면 인건비가 비싸더라도 유학생들을 고용함으로써, 학비를 벌게 했다. 다들 3~4년씩 일한 덕분에 무사히 졸업도 하고, 한국으로 돌아갈 때쯤 해서는 유럽 여행까지 했다. 그들은 일자리를 준 데 고마워하며 최선을 다해서 노력해 주었다. 나 또한 성실하게 일해 준 그들에게 고마운 마음이었다. 믿을 만한 직원 한 사람이 얼마나 많은 기쁨을 만들어 내는지는, 아무리 작더라도 가게를 해 본 사람이라면 안다.

오는 손님이나 일하는 사람이나 나나 서로를 위해 일하다 보니 조이패션은 서로에게 필요한 존재가 되었다. 조금만 주의 깊게 보면 실의에 빠진 사람, 슬픔에 빠진 사람이 보였다. 그들을 위로하다 보니 어느 순간부터 주인과 손님이라는 딱딱한 비즈니스 관계가 허물어지고 인생을 나누는 친구 관계가 되었다. 그러다 보니 기쁠 때도 오고, 슬플 때도 왔을 뿐 아니라, 자신들이 고마워하는 만큼 주변에 소문을 내 주었다.

덕분에 조이패션은 시작한 지 1년도 안 되어 애틀랜타 사람들이라면 모르는 사람이 없는 명소가 되었다. 사람들로부터 사랑을 받으니 잘 안되려야 안 될 수 없었다. 조이패션은 쇼핑몰에 입점한 매장들 중에서도 가장 잘되는 가게로 선정되었음은 물론, 미국 내 쇼핑몰 조직에서도 가장 잘되는 곳으로 선정되었다. 쉽게 말하면 A백화점의 애틀랜타점에서 가장 잘되는 건 조이패션이고, 조이패션은 미국 내 A백화점 전체에서 가장 디스플레이가 잘되었다는 평가를 받고 상을 받기도 했다.

조이패션이 잘된 데는 이름 덕을 본 것도 있을 것이다. 막내딸의 이름이기도 한 조이(Joy)는 내가 가장 좋아하는 말이다. 실의에 빠질 때나 울적할 때 기분 좋게 만들어 주는 곳, 세상에 그런 곳이 있다면 마다할 사람이 어디 있겠는가!

조이패션의 성공 덕분에 나는 전국에 있는 사업장 주주들과 종업원들을 대상으로 세일즈 비법을 전수하는 강사가 되었다. 다들 내가 이전에 한 번도 사업을 해 본 적이 없는 사람이라는 사실을 알고는 놀라워했다. 나는 '손님은 왕이다'라는 세일즈맨들의 말을 좋아하지 않는다. 대신 '네 이웃을 사랑하라'라는 말씀만 따랐다. 어릴 적 어머니가 우리 집에 온 손님을 대하는 모습대로 했다. 어머니는 설령 그가 거지라도 항상 새로 지은 밥으로 정성스레 상을 차려 주고, 새 옷을 입혀 보냈다. 나는 어머니의 차별 없는 대접을 늘 염두에 두었다. 또한 "남에게 대접을 받고자 하는 대로 너희도 먼저 남을 대접하라"는 누가복음 6장 31절의 말씀을 잊지 않았다. 먼저 대접하고, 나누려는 자에게는 그에 합당한 복이 온다.

이인삼각의 레이스

미국 사회에서도 교육에 대한 관심은 각별하다. 뉴욕 주의 유대인들은 10명 중 5명 이상이 아이가 학교에 다닐 때는 엄마가 일을 그만두고 아이에게만 매달린다. 학교에서 만나는 엄마들은 전직 변호사거나 치과의사 같은 전문직이 많았다. 왜 그렇게 좋은 직장을 그만두었는지 물어보지 않을 수 없었다.

"나의 인생에 있어서 몇 년이지만, 그 몇 년이 아이의 인생을 결정할지도 모른다고 생각하면 내가 몇 년간 희생하는 게 맞지 않나요?"

그랬다. 자식을 키우는 건 기본적으로 희생이 따른다. 훌륭한 학생 뒤에는 엄마라는 성실한 수행비서가 있다.

나 또한 아무리 일이 바쁘더라도, 가장 우선순위는 아이들이었다.

일하는 틈틈이 아이들이 마칠 시간이 되면 데리러 갔다. 그런데 조이패션이 입점해 있는 쇼핑몰은 한국의 코엑스몰처럼 다수의 매장이 들어와 있는 곳으로, 백화점처럼 여는 시간과 닫는 시간을 엄격하게 지켜야 한다. 조금이라도 늦게 열거나 빨리 닫으면 감점을 받고, 엄청난 벌금을 물어야 했다. 그리고 경고가 세 번 누적되면 가게를 철수해야 한다. 그러니 나는 아이들이 마치는 시간이 되면 그야말로 1분이 아쉬웠다.

"조이, 너희 엄마는 카레이서야."

아이의 친구들이나 친구 엄마들은 나에 대해서 이런 식으로 농담을 했다. 나의 운전은 동네뿐 아니라 애틀랜타 전역에서 유명했다. 가장 빨리 운전하는 사람으로 말이다.

미국 학교의 경우 학교 수업이 전부가 아니다. 각종 방과 후 수업이 기다리고 있다. 방과 후에 하는 각종 활동을 제대로 하기 위해 보통 엄마들이 운전을 해서 데려다 준다. 한국처럼 학원에서 셔틀버스가 운행되지 않는다.

미국에서는 학교에서 배우는 지식도 중요하지만, 이런 활동을 통해서 얻게 되는 리더십이나 화합, 통합적 사고력을 굉장히 중시한다. 각종 사회봉사 활동이나 운동, 개인의 역량을 발휘하기 위한 활동은 좋은 학교에 들어가기 위해서는 반드시 필요한 조건이 된다. 나는 이런 방과 후 활동에 적극적이었다. 좋은 대학에 보내기 위해서가 아니라, 중 · 고등학교 시절에 좀 더 양질의 교육을 받게 하고 싶어서였다. 청소년기에는 다양한 체험을 통해 사회를 알고, 그것을 통해 자신이 앞으로 무슨 일을 할지 소명을 찾는 게 필요하다. 그래서 가급적 아이들이 원하는 것은 그 어떤 것이든 들어주기 위해서 노력했다.

세 아이 모두 고교시절 학교 대표 운동선수이자 오케스트라 단원이었다. 그리고 각종 봉사 활동 단체에서 리더로 활동을 했다. 큰딸은 다이빙, 아들은 펜싱, 막내딸은 배구 선수였다. 그 전까지는 큰딸은 기계체조, 아들과 막내딸은 육상 선수로 활약했다. 큰딸은 어렸을 때 피아노와 바이올린을 배워서, 오케스트라에서 바이올린 파트를 맡았다. 아들은 트럼펫과 기타를 연주했고, 오케스트라에서는 트럼펫을 맡았다. 뭐든지 언니를 따라 하던 막내딸은 언니가 하는 피아노와 바이올린, 그리고 오빠가 배우는 기타까지 배웠다.

학교 수업이 끝나면 매일 세 시간가량은 운동을 했고, 일주일에 두세 번씩은 경기가 있었다. 그 외에도 오케스트라나, 봉사 활동 등 각종 활동이 줄을 이었다.

"엄마, 저 이번에 논술대회 나가도 돼요?" "과학대회 나가도 돼요?"

매사에 적극적인 아이들은 늘 이렇게 물어 오곤 했다.

"일시적인 기분에 이끌려서가 아니라 정말로 하고 싶은 거지? 할 수 있는지 시간을 한번 체크해 봐라. 그래도 하고 싶다면 해야지."

내가 자신들을 적극 지지하고 작은 성취에도 기뻐하는 것을 보아서인지, 아이들은 매사에 적극적이었다. 나는 늘 세 아이의 스케줄을 체크해서 오후 시간의 나의 동선을 짰다. 일주일 단위로 나의 스케줄이 정해졌다. 그러다 보니 아이들을 키우는 10년이 넘는 시간 동안 저녁에는 나의 개인적인 약속을 잡아 본 적이 거의 없었다.

평소에는 운전기사가 되어 주어야 했고, 학교 대항 경기라도 벌어지면 치어리더가 되어야 했다. 훈련할 때 먹는 간식도 모두 부모의 몫이었다. 한국처럼 배달 음식은 반입 금지인데다 건강에 좋은 음식으로 부모들이 돌아가면서 수십 명 분의 간식을 직접 만들어 와야 한다. 샌드위치나 김밥 같은 비교적 간단한 음식이지만, 많은 음식을 준비하는 일은 쉽지 않았다. 논술대회나 과학대회에 나갈 때는 다른 주로 이동해야 하는 경우도 많아서 수십 시간씩 운전하기도 했다. 전국 고교생 펜싱대회 등에 나갈 때는 대회가 열리는 일주일 동안 호텔에 묵으면서 뒷바라지를 해야 했다. 저녁에는 숙제 준비를 도와야 하는데, 그때마다 밤 열 시든 새벽 두 시든 월마트로 달려가서 준비물을 사 왔다.

아이들에게 기회를 주려면 부모는 일정 부분 고생을 감수해야 한다. 나의 수고를 알아서인지 아이들은 '결과물'로 보답했다. 무사히 오케스트라 활동을 했고, 배구부 주장이 되고, 펜싱 시합에 나가면 메달을 따 와서 나를 기쁘게 했다. 세 아이 모두 어머니가 희생하는 걸 알고 있기 때문에 자신이 무엇을 해야 할지 더욱 책임감을 가지고 임했노라고 말했다. 그렇다. 무엇인가를 성취하기 위해서는 어머니와 자녀가 이인삼각 선수처럼 서로를 격려하며 달려야 한다.

외로움이 노래가 되면

처음에 글을 쓰기 시작한 건 저녁마다 아이들의 잠을 깨워야 했기 때문이다. 일주일에 사흘씩 운동을 하고 다른 활동까지 하다 보면 밤 열 시나 되어야 책상 앞에 앉을 수 있었다. 그런데 다들 피곤하다 보니 꾸벅꾸벅 졸음을 이기지 못한 채 쓰러져 잤다.

"엄마, 저 두 시간 뒤에 깨워 주세요."

"엄마 30분 뒤에!"

쓰러져 자는 아이들을 깨우려면 내가 아무리 피곤해도 깨어 있어야 했다. 집으로 오는 길에 고속도로 갓길에 차를 세우고 쪽잠을 잘 정도로 몸은 피곤하지만 숙제를 못한 아이들, 해야 하는 공부를 눈앞에 둔 아이들을 두고 발 뻗고 잘 수는 없었다. 나는 그 시간에 세금

계산서 등 장부를 정리하고, 외로움과 고단함이 엄습하면 시를 썼다.

적당한 피곤은 잠을 부르지만, 정도가 지나치면 오히려 불면을 부른다. 잠 못 이루는 밤의 고통을 이기게 해 달라고 기도하며 시를 쓰기 시작했다. 한 편 두 편 노트에 꾹꾹 눌러쓴 시가 많아지자 나는 그걸 묶어서 기념으로 가지고 싶었다. 그래서 알아보던 중에, 덜컥 등단이 되고 말았다. 그 뒤부터는 보이지 않는 손이 나를 이끌어 가듯이 한 권 두 권 시집이 나와 많은 사람들에게 읽혔다. 그러던 어느 날, 한 유명 작곡가가 나의 시에 곡을 붙이겠노라고 연락해 왔다. 그 바람에 나의 시는 나의 노트에서 벗어나 누군가에게는 영감을, 누군가에게는 위로를 전하는 노래가 되었다.

시가 가곡으로 만들어져서 노래가 되던 날, 나는 음악회에 갔다. 작곡가가 무대 위에서 이 아름다운 가사를 쓴 시인이라고 나를 소개했고, 나는 많은 박수를 받았다. 그 자리에 가서 보니 내가 쓴 시들은 이제 내 것이 아니었다. 날개를 달고 하늘로 날아가서 다른 사람들이 누리는 것이 되어 있었다. 마음이 지친 사람들은 새로운 용기와 휴식을 주는 것을 찾는다. 피곤할 때 커피를 찾고 입 안이 쓸 때 달콤한 사탕을 찾는 것처럼, 지친 순간에 노래를 찾았다.

아이들이 밤늦도록 숙제를 하거나 해야 할 공부를 할 때 같이 깨어 있었을 뿐인데, 그에 대한 상처고는 너무 크지 않은가? 게다가 그 시간 아이들과 함께할 수 있어서 오히려 감사했는데…

"어두운 터널 지나 빛으로 인도하시는 그분의 따뜻한 손길. 슬픔으로 뒤범벅된 내 영혼 깊은 곳을 어루만지시네. 내 슬픔이 아무리 길다 해도 그분은 내 손을 내밀라 하시네. 한 번만 내밀어도 내 모든 눈물 씻어 주시니."

"내 영혼 깊은 곳에 용솟음치는 이 격정은 누구도 막을 수 없지만 그분의 따뜻한 손길 나를 잠잠하게 잠들게 하시네."

"푸른 하늘과 맞물린 끝없는 초록의 물결, 나는 그 속을 한없이 누비고 있다."

이렇게 나를 어루만지시는 내 신랑 되신 예수님의 따스한 손길에 대해서 적었을 뿐인데, 사람들을 어루만지는 사랑 노래가 되다니!

지금도 나의 노래들은 종종 무대에서 불린다. 귀에 익은 가사를 들으면서, '아, 내가 저런 마음으로 살았나?' 하는 감회에 빠진다.

나는 지나간 과거를 추억하기보다 현재를 바라보는 현재형 인간이다. 그런데 노래를 듣거나 당시 쓴 시들을 읽을 때는 지나간 시절을 생각지 않을 수 없다. 그때는 고단하고 힘들어서 눈물이 줄줄 나오던 시절이었는데, 지나가고 나니 그 모든 것이 다 나를 다지기 위한 기회였음을 알게 된다.

사과나 감, 배 같은 모든 열매들도 단단하고 떫고 쓴 시절이 있다.

비와 바람에 자신을 내어놓은 채 익어 가는 동안 몸은 부드러운 곡선을 그리고, 달콤한 향기와 맛을 가지게 된다. 열매를 추수하기까지는 그런 고난에 살을 에는 시절이 있는 것이다.

내가 쓴 글들을 볼 때면, 여러 가지 감정이 잘 만들어진 수프처럼 따뜻하게 다가온다. 감사, 감동, 나에 대한 기특함, 그리움 등 결코 자극적이지 않은 그 느낌들은 나를 위로한다. 단지 나 자신을 어루만지기 위해서 쓴 글들인데, 그것들은 나도 모르는 새 다른 상한 영혼에게로 다가가 영혼의 요기가 되는 모양이다. 그 점 또한 감사할 따름이다.

어머니들이 만드는 역사

나의 친정어머니 장정용 여사는 4녀 2남 중 둘째딸로 경주시 안강읍에서 태어났다. 외할머니는 옥산서원을 대대로 이어오는 양동 이씨 집안의 종가에서 태어나셨다. 외할머니는 외고조할아버지 밑에서 유학 교육을 받았다. 그 당시에는 영국에도 여자에게 참정권이 없던 시대였고, 동방의 조용한 나라에는 여성 인권의 촛불도 밝혀지지 않았던 시대였다. 그런데도 외할머니는 외고조할아버지 밑에서 공부했을 정도니, 어지간히도 총명하셨던 모양이다. 게다가 외고조부께서는 문원공 회재 이언적 선생의 후손으로, 우리나라를 대표하는 5대 서원 중 하나인 옥산서원에서 한학을 가르치던 분이었다. 어쩌면 마음속으로는 외할머니가 남자로 태어났으면 딱 좋았을 것이라고 안타까워했을 것이다. 지금으로부터 100년 전 사람인 외할머니는 지혜로운 할아버지 밑에서 전통을 따르면서도 무엇보다 도전 정신이 강한 분으로 자라났다.

외할머니는 결혼 후 육 남매를 낳았는데, 남편이 일찍 세상을 떠나는 바람에 자녀를 힘들게 키우셨다. 내가 어릴 때 놀러 가던 외갓집은 아주 작은 초가집이었다. 그러나 외할머니에게서는 조선 사대부 여인네의 우아함과 기품이 느껴졌다. 그런 외할머니에게서 태어난 어머니도 가난하지만 가난을 불편하거나 부끄러워하지 않는 당당한 분이셨다. 아마도 모전여전이 아니었을까.

나는 바로 그 외할머니집, 안강에서 태어나서 한 살 때 우리 집으로 왔다. 그래서인지 네다섯 살 때부터 "외할머니를 모시고 살 거야"라고 입버릇처럼 말했다고 한다. 어릴 때 추억이 남아 있어서인지, 나는 철이 든 뒤에도 곧잘 외할머니 댁에 혼자 가곤 했다. 어린 내 눈에도 외할머니는 인자하셨지만, 범접하지 못할 분위기가 느껴졌다. 외할머니랑 함께 살 것이라는 나의 말은 현실이 되었다. 외할머니는 79세에 미국에 오셔서 92세까지 13년 동안 우리와 함께 계셨다.

어머니는 외할머니를 닮아 단아하고 반듯한 외모만큼 학구열이 대단하셨을 뿐 아니라 세상에 대한 호기심이 강한 용감한 분이었다. 외할아버지께서 여자는 공부하면 개화에 물든다며 학교에 못 가게 하셨다. 그 시절은 그랬다. 중학교에 합격했는데도 허락하지 않자 친구 집으로 도망을 가기도 했다. 어머니가 중학교에 가겠다는 고집을 끝내 꺾지 않자, 외할아버지께서 어쩔 수 없이 허락하셨다고 한다.

어머니는 어릴 때부터 교회에 다녔는데, 옆집에 주일학교 선생님이 살았기 때문이다. 어머니는 선생님 등에 업혀 교회 유치부를 다니기 시작해서 예수님을 믿게 되었다. 100년 역사가 깃든 안강제일교회에 어머님의 발자국도 그렇게 찍히게 되었다. 게다가 목사님 딸이 어머니 또래였던 덕분에 절친한 친구가 되어 소학교도 같이 다녔다. 그때부터 어머니는 "나는 다음에 예수 믿는 사람과 결혼할 거다"라고 서원하셨다. 어머니 또한 그 말씀대로 되었다. 4대가 예수님을 섬기는 집안의 아들과 혼인을 했으니 말이다.

친할머니의 큰아버지는 대구제일교회 담임 목회자이자 일제강점기 때 옥에 갇히신 이만집 목사님이다. 죄목은 신사참배 반대 및 독립운동이라고 한다. 그리하여 나는 예수님을 섬기는 집안에서 태어날 수 있었고, 그것은 나의 빛나는 자부심이었다. 대구제일교회 집회에 갔을 때 당회장실에 걸린 역대 목사님 사진을 보고 감개무량한 적이 있었다.

내 기억 속의 할머니는 고운 옥색 비단으로 만든 치마저고리를 입고 교회에 기도하러 가는 모습으로 남아 있다. 할머니는 십 리 길을 걸어서 매일 새벽기도를 다니셨다. 어려운 사람을 남모르게 도와주는 후덕한 부잣집 마나님으로 근동에 소문이 자자했다.

또 다른 자부심 하나는 할머니가 하시는 과수원이었다. 산이 네 개쯤 되는 넓은 과수원으로, 어릴 때 내가 본 세상은 늘 꽃핀 과일나무가 있는 산과 푸른 하늘이었다. 경주 월성군 전체에서 손꼽히는 갑부로 안강읍 사방리에서 과수원집 딸인 나를 모르는 사람은 없었다.

할머니는 십 남매에게 산과 논밭을 다 떼어 주었다. 아버지는 서울에서 법대를 나왔지만 정치적으로 혼란한 시기였던 자유당 시절이어서 판사의 꿈을 접고 낙향하셨다.

덕분에 용감한 외할머니의 피를 이어받은 어머니는 과수원을 하는 틈틈이 산파 일을 하며, 가계를 꾸려나갔다. 어머니는 자식 넷을 업어 키우면서도 새벽기도를 한 번도 빠지지 않았다. 내가 어머니에게 배운 것은 강한 생활력과 항상 긍정적인 자세, 무엇보다 크리스천으로서의 품성이다. 어머니는 부정적인 말을 하지 않으셨다. 남을 욕하거나 흉보는 일도 없었다. 나는 어머니가 성경을 다 외우고, 찬송도 다 외우는 것을 보고 늘 '어머니는 천재'라고 생각했다. 나도 어지간히 총기 있게 외웠지만 나이 든 어머니를 따라잡을 수 없었다.

또한 어머니의 자식 사랑은 각별하셨다. 어머니가 미국에 오셔서 우리 가족과 함께 머무실 때의 일이다. 하루는 일을 마치고 집에 돌아왔는데, 큰딸이 책상 밑에 들어가 울고 있었다. 내가 무슨 일이냐고 물으니, 큰딸은 "할머니가 머리를 잘랐어요"라고 말하면서 눈물을 뚝뚝 흘리는 것이 아닌가. 긴 머리가 잘린 것이 속상해서 숨어 있었던 것이다. 어머니는 내가 아이의 긴 머리를 손질하는 것이 힘들까 봐 다섯 살 난 손녀의 머리를 잘라 버린 것이다. 어머니에게는 손녀보다 딸이 더 중요했던 것이다.

또한 어머니는 내가 고생한다며 젖도 빨리 떼게 하셨다. 그러고는 당신이 손주들의 이유식을 직접 만들어 먹이셨다. 나는 아이에게 젖을 더 먹이고 싶어도 어머니 때문에 못 먹였다. 큰아이는 1년 반, 아들은 6개월, 막내딸은 백일까지 젖을 먹였는데, 젖을 오래 먹은 큰애는 확실히 잔병이 없고 건강하다.

"너희 엄마는 천사야."

어머니는 우리 아이들에게 늘 그렇게 말씀하셨다. 내가 어릴 때 개울에 나가서 동생들 기저귀를 빤 일이며, 어머니를 도와드리기 위해서 노력한 것들을 하나하나 기억하시며 아이들에게 이야기해 주셨다. 나는 그것을 다 잊어버렸는데 말이다. 아이들은 할머니의 좋은 기억력 덕분에 나의 어린 시절을 머릿속에서 재구성해 볼 수 있었다.

외할머니 역시 증손주들과 손녀인 나를 사랑하셨지만 그보다는 어머니를 더 예뻐하셨다. 아흔 노인이 칠순의 딸을 "우리 딸, 우리 딸" 하며 예뻐하셨다. 그런 외할머니를 어머니는 또 지극히 사랑하셨다. 내리사랑이 무엇인지 어머니들을 보면 알 수 있었다.

어머니들이란 그런 존재인 모양이다. 살아온 인생 전체를 자식에게 주는 분. 돈이나 명예 같은 눈에 보이는 것을 주지 않아도 세상 전부를 주는 분, 절망에서도 일어서는 본을 보이는 분. 멘토니 롤모델이니 하는 말을 몰랐을 당시에도 나는 믿음의 본을 보여 준 할머니들과 어머니를 존경했다. 그러면서 나도 자녀들에게 저렇게 살고 싶다고 어릴 적부터 다짐해 왔다.

어머니와 나의 시크릿

어머니는 내게 매일 시편 23편을 100번씩 암송하게 하셨다. 이국땅에서 혼자 자녀 셋을 키우는 것은 힘든 일이다. 나는 몰래 울기도 많이 울었는데, 그런 사정을 어머니는 누구보다 잘 알고 계셨다.

어머니는 그때마다 "울기는 왜 울어!" 같은 잔소리 대신 "항상 기뻐하라 쉬지 말고 기도하라 범사에 감사하라 이것이 그리스도 예수 안에서 너희를 향하신 하나님의 뜻이니라"(데살로니가전서 5장 16~18절)라고 말씀으로 응답하시며, 시편을 외우라고 하셨다.

그러면 어머님의 말씀에 따라 나는 "여호와는 나의 목자시니 내게 부족함이 없으리로다"라고 마음속으로 외우기 시작했다. "그가 나를 푸른 풀밭에 누이시며 쉴 만한 물가로 인도하시는도다"라는 구절까지 가기 전에 마음이 따뜻해져 오곤 했다. 말씀은 언제나 상한 갈대 같은 심정을 어루만지며, 다시 꼿꼿하게 일으켜 세워 주었다.

어머니는 내게 어떤 일이 생기면 잔소리 대신 그때그때 성경 말씀으로 응답하셨다. 그러고는 어김없이 시편 23편을 암송하게 하셨다. 내가 시편을 암송하는 순간, 어머니는 마음속으로 나를 위한 기도를 하셨을 것이다. 시편 23편은 어머니와 나의 시크릿이다. 어떤 서러움도 극복하고 용기를 얻게 하는 우리만의 비밀스러운 방법. 100번쯤 암송하게 되면 그때마다 평안과 위로에 이어 '이런 힘이 어디서 나올까' 싶을 정도로 큰 힘을 받았다.

나는 어릴 적부터 어머니를 통해 기도의 힘을 늘 경험해 왔다. 어머니는 나를 위해서는 무려 47년간 매일, 매순간 기도하셨고, 손자와 손녀들을 위해서도 그렇게 하셨다.

어머니의 기도를 듣고 웃음을 터뜨린 적도 있다. 막내가 한 살 때 있었던 일이다.

"주님, 조이는 하나님을 기쁘게 해 드리기 위해서 태어난 아이입니다. 하버드대학교에 4년간 장학생으로 보내 주세요."

어머니는 조이뿐 아니라 손주들을 위해 이런 식으로 구체적으로 기도하고 계셨다. 나는 어머니의 기도를 듣고 가슴 한편이 환해지는 듯했다. 어머니께 기도에 대해서도 나는 또 한 수 배웠다.

어머니는 손자손녀가 태중에 들어오기 전부터 기도하셨다. 나 또

한 아기를 가지기 전부터 목사님께 안수기도를 받은 다음 어머니처럼 기도했다.

큰아이의 경우 하나님의 은혜는 예수님의 고귀한 핏값으로 지불한 것인 만큼 하나님께 감사하는 아이로, 둘째는 예수님께 복종하고 겸손하며, 예수님 안에서 날마다 새로워지는 아이로, 막내딸은 예수님을 제일로 섬기는 아이로 자라게 해 달라고 기도했다.

아이를 위한 기도는 살면서 점점 늘어 갔다. 어머니는 하루에 삼천 가지를 나중에는 일만 가지를 기도하던 분인데, 그런 어머니께 배움을 전해 받았으니…. 하나님이 멀리 계셔서 못 알아들으실 분도 아닌데, 나는 하나하나 구체적으로 말씀드렸다.

"하나님, 키가 180센티미터 이상으로 긴 팔과 다리를 가진 아들로 자라게 해 주세요. 이왕이면 아빠를 닮아 잘생기게 해 주세요."

"하나님, 프린스턴도 브라운도 아닌 하버드여야 합니다."

핸들을 잡을 때나, 밥을 할 때나, 잠자리에 들 때나 틈만 나면 나는 기도했다. 30초짜리 기도, 1분짜리 기도일지언정 누구보다 많이 하려고 했다.

하나님은 아마도 "에스더야, 너는 참으로 나를 자주 찾는구나. 나를 늘 웃게 만들어 주니 나도 너를 웃게 만들고 싶구나" 이렇게 생각하셨을 수도 있다. 실제로 하나님은 그렇게 만들어 주셨다.

큰아이는 누가 보더라도 침착하고 대범해서 리더의 재목이라는 평가를 받는다. 누구보다 성실하고 동생들이나 친구들을 잘 보살핀다. 동생들이 모두 큰아이를 닮으려고 하는 바람에 수월하게 아이들을 길렀다. 바쁘고 힘든 나의 사정을 살펴 하나님께서 의젓한 자녀를 맏이로 주신 것이다.

아들은 펜싱을 시작하면서, 펜싱에 맞는 최적의 신체를 타고났다는 사실을 알게 되었다. 코치는 우리 아들이 팔다리가 곧고 유난히 길뿐 아니라, 가는 발목을 가져 순발력이 좋고, 유연함을 타고났다고 했다. 올림픽에서 은메달을 딴 펜싱 선수 출신 코치가 이런 신체 조건을 가진 아이는 아직까지 본 적 없다고 감탄하면서 한 말이니, 아마도 그 말이 맞을 것이다. 그전까지는 그냥 남자 아이지만 듬직하고 아름답고 유연한 신체를 가지고 있다고는 생각했지만, 그 정도일 줄은 몰랐다.

그런데 펜싱 코치를 만나고 집으로 돌아오면서 나는 '아' 하는 감탄사를 내뱉었다. 아들을 위해 기도하면서, 입 밖으로 내지는 않았지만 그렇게 멋진 남자로 태어나게 해 달라고 마음속으로 기도했던 것이다.

"존의 다리는 백만 불짜리예요. 엉덩이도 예뻐요."

고슴도치 엄마처럼 함함하게만 본 건 아니고, 사춘기의 당돌한 미국 여자 아이들도 그렇게 보았다. 심지어 나와 함께 뉴욕에 갔을 때, 모델을 하라고 제안받은 적도 있었다. 기도가 그렇게 완벽하게 이루어질 것이라고는 나도 예상하지 못했다.

그런데 할머니, 외증조할머니는 아이들을 위해서 나보다 더 큰 기도, 더 자세한 기도, 더 많은 기도를 하셨다. 그리고 모두 응답받았다.

우리가 간절히 구하고 하나님께서 응답하시면 불가능한 일이 없다. 하나님의 뜻에 합당한 것이라면 크고 작음에 상관없이 늘 기쁘게 응답해 주신다.

'설마, 그렇게까지 자세한 것을 들어주실까?' '설마 안 되겠지?'

이런 의심이 있으면 나 같아도 들어주지 않을 것이다. 그러니까 간절히 원하는 것은 기도로 구하라. 기도하지 않는데 무엇을 들어주시겠는가.

요즘도 나는 하나님 안에서 합당한 자녀가 되고, 기쁨이 되는 삶을 살도록 매일 기도한다. 자녀에게 어머니의 기도보다, 하나님의 말씀보다 더 중요한 것이 있을까. 그것이 세상을 담대하게 살아가는 나의 가장 큰 무기다.

인도하는 대로 가라

사람들은 성공하고 있는 동안에는 늘 성공할 것이라고 생각한다. 그건 가장 위험한 자만이다. 거대한 쇼핑몰의 한 코너에서 시작한 조이패션은 나중에는 매장이 다섯 개까지 늘어나게 되었다. '사업을 하려면 조이패션같이 하라'는 말이 나올 정도였다.

그런데 나는 아들이 고등학교 3학년 때, 잘나가던 사업을 하루아침에 접어 버렸다. 아들이 학교에서 쓰러진 적이 있었는데, 하필이면 그때 내가 중국 상하이에 출장 중이라 그 사실을 몰랐다. 아들은 내색하지 않은 채 AP 시험(대학교 수준의 수업을 수강한 후 응시하는 시험, 대학 입학시 학점으로 인정받을 수 있다)을 치렀다. 나는 아들의 안색이 나쁘긴 했지만, 졸업을 앞두고 있어서라고 여겼다. 학교 공부도 힘들지만 장남으로서의 의무, 진로 등의 문제로 심리적 압박감이 클 것이라고 생각했다.

"엄마, 사실은 저 학교에서 쓰러졌어요. 요새 몸이 너무 무거워요."

고작 거실에서 자신의 방으로 가는데도 다리가 무거워서 제대로 걸을 수 없는 지경이라고 했다. 걸어가다 쓰러져 죽을 것 같은 기분이 든다는 것이다.

그런데도 엄마가 걱정할까 봐 몇 달 동안 말도 하지 않은 채, 학교에 가고, 펜싱 훈련을 하고, 거기에 졸업 시험 준비까지 한 것이다. 그동안 아들이 느꼈을 고통과 책임감의 무게가 고스란히 전달되었다.

그 길로 응급실에 데리고 갔더니, 의사가 깜짝 놀랐다.

"몸 안에 피가 50퍼센트밖에 없었습니다. 보통 사람 같으면 이렇게까지 되기 전에 죽었을 텐데, 저도 이런 경우는 처음 봅니다. 운동으로 단련된 강철 같은 몸이라 버틴 것 같아요."

한마디로 살아 있는 게 기적인 상황이었다. 의사의 한 마디 한 마디가 내 심장을 에는 듯했다.

신경성 위염이 위궤양으로 진행이 되고, 그것이 내출혈을 일으켜 과다출혈 상태가 될 때까지 모를 수가 있다니! 아들은 일주일가량 입원해 있다가 퇴원한 뒤에 세 달간 통원치료를 받았다.

그 사이에 나는 하던 사업들을 모두 정리해 버렸다. 그동안 벌여 놓은 사업이 꽤나 되었다. 조이패션뿐 아니라 귀금속 관련 일도 하고 있었다. 그 외에도 사업을 하다 알게 된 네트워크를 활용해서 국제 컨설팅까지 하고 있었다. 좀 더 돈을 많이 벌려는 욕심에 거미줄처럼 일을 벌여 놓았던 것이다. 단순히 생각해도 둘째뿐 아니라 셋째가 대학에 가려면 돈이 많이 필요할 것이고, 그렇기 때문에 최대한 벌어야 했다.

그런데 그런 일들이 생명 앞에서는 하찮고 어리석게 보였다. 아이의 생명이 경각에 달해도 몰랐다는 사실에 순간순간 심장이 내려앉았다. 아이가 회복되는 동안 타는 가슴으로 기도를 했다. 기도하면서 그동안 내 삶의 중심에 대해서 다시 한 번 확인하게 되었다. 내 삶의 중심은 하나님이며, 하나님이 아이들을 내게 맡겨 놓으셨다는 것을.

'이렇게 살려 주셨으니, 인도하시겠지.'

이렇게 해서 나는 모든 것을 내려놓을 수 있었다.

하나님이 우리 가족을 얼마나 단단히 지켜 주시는지는 뒤에 알게 되었다. 사업을 정리하면서 나는 하나도 손해를 입지 않았다. 다만 일을 접었기 때문에 앞으로의 생계가 예전 같지 않게 되었을 뿐이었다. 2년 뒤에 보니, 그것은 '사업을 내려놓으라'는 확실하고도 단호한 하나님의 사인이었다.

2008년 4월 미국 발 서브프라임 사태가 터지자 세계경제는 걷잡을 수 없이 요동쳤다. 사업을 하던 사람들은 연쇄적으로 도산했다. 100만 달러짜리 사업을 하는 사람은 10만 달러만 자기 자본이고 나머지 90만 달러는 빚이다. 도산을 하면 10만 달러만 잃는 것이 아니라 90만 달러 이상을 잃어버려 하루아침에 빚쟁이가 되어 버린다.

줄도산의 덫에 걸리면 자신이 사업체를 잘 꾸려 가더라도 부도가 난 다른 사업체 때문에 부도를 맞게 된다.

사업을 접으면서 내 삶의 브레이크를 밟지 않았다면 어떻게 되었을까? 가족과 함께 더 많은 시간을 보내고 더 행복한 삶을 살기 위해 브레이크를 잡았기 때문에 우리 가족은 그 어떤 것도 잃지 않았다.

어머니의 유쾌한 장례식

2007년 7월 19일, 2주간의 한국 출장을 마치고 애틀랜타에 왔을 때 나를 기다린 건 어머니가 돌아가셨다는 비보였다.

"항상 기뻐하라 쉬지 말고 기도하라 범사에 감사하라 이것이 그리스도 예수 안에서 너희를 향하신 하나님의 뜻이니라"

돌아가시기 2주 전에 나를 배웅하러 공항에 나온 어머니가 주신 말씀인 데살로니가전서 5장 16절에서 18절까지의 말씀이 나에게 남기신 마지막 유언이 되어 버렸다. 어머니의 장례식장에는 1,000명이 넘는 사람들이 왔다. 모두들 한결같이 어머니가 천사 같은 삶을 살았다고 입을 모았다. 어머니는 지상에서 어떻게 살아야 하는지 여러 사람에게 본을 보여 준 유쾌한 천사였다.

놀랍게도 어머니는 4년 전에 유언과 기도와 찬송가를 불러 테이프에 미리 녹음해 보관해 오셨다. 지상에서 70년 4개월의 삶을 마감하는 순간까지 어머니는 유쾌하셨다. 어머니의 목소리가 고스란히 담긴 테이프를 장례식 3일 내내 틀어놓았고, 덕분에 다들 기쁘게 어머니를 배웅할 수 있었다.

"바쁜 와중에도 제 장례식에 와 주셔서 감사합니다. 그래서 제가 가장 좋아하는 찬송을 불러 드리겠습니다."

어머니는 〈내 주를 가까이〉를 4절까지 낭랑한 목소리로 다 부르셨다. 나는 1절 가사를 겨우 외우는데, 어머니는 4절까지 가사를 틀리지 않고 다 외우셨다. 어머니의 씩씩한 찬송이 울려 퍼지자 장례식장 여기저기서 웃음이 터져 나왔다. 찬송이 다 끝나자 먼 길 오셨으니 저녁을 맛있게 드시고 가라는 당부까지 잊지 않았다.

"내 신랑 되시는 예수님 만나러 가는 기쁜 길에 나는 웃으면서 간다."

어머니의 유언을 들으며 사람들은 울다가 웃으며 어머니를 추억했다. 미국 사람들도 유쾌한 장례식 분위기에 놀라서 무슨 일이냐고 쫓아올 정도로 어머니의 장례식은 축제의 장이었다. 어머니의 조문을 마치고 돌아가는 손님들은 모두 "나도 장례식을 이렇게 준비해야겠다"고 이야기했다. 마지막 가시는 길도 어머니다웠다. 손수 준비한 수의는 꽃분홍색 꽃무늬 비단 한복이었다. 영정 사진도 미리 액자에 끼워 놓으셨고, 우리 네 형제를 위해서는 앨범까지 한 권씩 준비해 놓으셨다.

"나는 일흔까지만 살다 갈 거다."

"어머니, 아흔 살까지요."

"너무 많다. 나는 싫다. 딱 일흔 살까지만 살았으면 좋겠다."

"어머니, 그러면 여든 살로 줄여 드릴게요."

"손자 손녀를 위해서도 더 기도할 게 없다. 기도가 끝나면 갈 거다."

어머니는 어머니답게 자신의 종장을 두고 하나님께 기도했을 것이다. 그리고 그 기도에 하나님이 응답하셔서 딱 70년 4개월 되는 날에 고통 없이 가셨다.

그러나 나는 어머니가 돌아가신 지 1년이 지나도록 어머니를 보내 드리지 못했다. 어머니도 외할머니를 보내고 그러하셨던 것 같다.

"엄마가 보고 싶다."

창문을 보고 쓸쓸히 말씀하던 어머니의 표정을 나는 잊을 수가 없다. 어머니는 외할머니가 돌아가신 지 9개월 후에 돌아가셨다.

어머니가 돌아가신 뒤부터 1년간 나는 바스러지는 모래 같았다. 머리가 너무 아픈 데다 무기력감으로 아무것도 할 수 없었다. 어머니를 잃은 상실감에 진통제를 먹지 않으면 버틸 수 없는 날들이 계속되었다. 온몸에 힘이란 힘은 다 빠져나가 그토록 내가 좋아하던 커피 잔을 들 힘도 없었다. 몸에 이상이 생긴 것 같아서 병원에 가서 종합검진을 받아 보고, MRI며 CT며 다 찍어 보았지만 아무데도 이상은 없었다.

그동안 어머니와 함께한 것이 아무것도 없다는 회한 때문에 병이 왔던 것일까? 어머니는 47년간 나를 위해 하루도 빠짐없이 기도해 주셨는데, 나는 어머니가 그토록 좋아하는 꽃도 자주 선물해 드리지 못했다. 나는 어릴 때 어머니가 가꾼 정원에서 늘 크고 고운 꽃을 꺾어 선생님께 선물했지만, 내가 가꾼 정원에서는 꽃을 꺾어 어머니께 선물한 적이 없다. 내가 어쩌다 한 번 선물한 꽃다발을 사진 찍어서 핸드폰에 담아 두고두고 보시는 걸 알면서도 말이다. 같이 공연도 보고, 맛있는 것도 사 먹고, 쇼핑도 하는 소소한 일상을 하나도 누리지 못했다. 심지어 어머니 칠순 선물로 그동안 내가 쓴 시를 엮은 시집을 선물로 갖고 왔지만, 어머니는 이미 돌아가신 뒤였다. 어머니를 만났을 때 깜짝 놀라게 해 드릴 요량이었는데, 너무나 안타까웠다. 시간은 기다려 주지 않는다는 걸 어머니가 돌아가신 뒤에야 깨달았으니….

물 한 모금 넘길 기력이 없을 때 내가 할 수 있는 유일한 것은 기도였다. 어머니의 유언대로 쉬지 않고 기도하는 것 말고는 내가 할 수 있는 게 없었다.

'너도 너의 마지막에 대해서 예수님께 기도해.'

어머니는 그렇게 말씀하시는 듯했다.

어머니는 아침에 일어나면 늘 3,000가지 감사 기도를 드렸다.

"어떻게 3,000개나 감사할 게 있어요?"

"3,000가지도 모자란다. 더 생각나는 걸. 이제부터 1만 가지 기도를 드릴 거야."

1,000가지 감사기도를 하면 30분이 걸렸는데, 1만 가지 감사기도를 하면 두 시간 반이 걸린다고 했다. 점점 더 빨리 감사드릴 게 생각나기 때문이다.

'나는 어머니처럼 3,000개나 감사할 게 있을까?'

어머니의 감사는 사소한 것인데도, 가슴이 뭉클하게 울렸다. 나는 어머니처럼 감사를 입으로 올리기 시작했다.

"아버지 하나님을 모시게 해 주셔서 감사합니다. 화창한 날씨를 주시고 많은 사람들이 세미나에 오기 편하게 해 주셔서 감사합니다. 제게 일을 발견하는 눈을 주셔서 감사합니다…."

어머니의 말이 맞았다. 감사 기도는 처음 시작하기가 어려울 뿐, 기도하다 보면 감사는 또 다른 감사를 불러왔다.

나는 이제 어머니를 생각하면 '만 가지 감사'가 순간적으로 떠오른다.

"이런 어머니를 제게 주셔서 감사합니다. 저도 아이들에게 이런 어머니가 되겠습니다."

어머니는 내게 윙크를 하시며, 한 가지 더 있다고 하실 것이다. '나는 네가 열방의 어머니가 되기를 기도했다'고 말이다. 예수님의 말씀을 따라가며 살기를 원했고, 그리고 그 말씀대로 산다는 것, 그것이 무엇인지 생각하게 한다.

몇 달 뒤에 막내딸이 하버드대학교에 들어가자, 나는 어머니의 기도가 돌아가신 뒤에도 응답되는 기적을 보았다. 그 순간, 나에게 아직 해야 할 일이 있다는 것을 깨닫게 되었다. 어머니의 기도 중에 아직 응답받지 않은 것이 하나 있었는데, 바로 나를 두고 하신 것이었다.

"저를 긍휼히 여겨 주십시오. 저에겐 아직 할 일이 남아 있습니다."

나를 열방의 어머니가 되게 해 달라는 어머니의 기도. 나는 어릴 때부터 이 기도를 듣고 자랐다. 어머니는 내가 고난을 받을 때마다, "너를 열국의 어미가 되게 하시려고 훈련시키는 것이다. 그러니 넓은 마음을 가지고 큰 그릇이 되어라"고 하셨다.

나는 어머니가 돌아가신 뒤 1년쯤 지나자 조금씩 건강을 되찾게 되었다. 하나님을 위한 일만이 영원하다는 것을 새롭게 깨달으며, 주님을 위해 살겠다고 한 어릴 적 맹세를 떠올렸던 것이다. 그리고 정금 같은 믿음을 달라고 나를 담금질하기 시작했다.

Part 3

언제나 목표는 '최고'가 아니라 '최선'

인생은 탄탄대로만 있는 것은 아니다.
가다 보면 에돌아가야 하는 길도 나오고,
가파른 비탈길도, 절벽도 나온다. 명문대에 간다고 해서
인생이 완성되는 것은 아니다. 최고를 위해 노력하기보다
최선을 다해 노력하다 보면 뿌린 대로 거두게 될 것이다.

교육은 최고의 투자

열두 살, 열 살이면 세상을 알 만한 나이다. 아빠의 부재는 아이들에게 심각한 결핍으로 나타났다. 그중에 하나가 경제적인 결핍이었다. 나는 그 부족분을 채우기 위해서 최선을 다했지만, 한계가 있을 수밖에 없었다. 아이들이 한창 멋을 부리기 시작하는 나이였고, 친구와 만나기 시작했다. 학비 외에도 많은 돈이 들어갔다. 그런데 교육에 있어서는 나는 처음부터 모자람을 원치 않았다. 하나님을 위해 크게 쓰임 받을 아이들이라면 왕처럼 교육받아야 한다고 생각했다. 밥을 굶을지언정 교육에 굶주리게 할 수는 없었다.

미국이란 나라는 교육에 있어서 최소한의 배려는 해 주지만, 나머지는 개인의 몫이다. 공립학교를 다니는 데는 돈이 크게 들지 않지만 바이올린, 플루트 같은 악기나, 수영, 테니스 같은 운동을 가르치는 건 고스란히 부모 몫이다. 아이들은 늘 다양한 활동을 하기를 원했다. 그런 아이들에게 나는 한 번도 안 된다고 말하지 않았다. 'No'라는 말은 절대로 하고 싶지 않았다. 어떤 식으로든 아이들이 원하는 것은 들어주려고 노력했다. 한 가지가 아니라 여러 가지 일을 해서라도 아이들에게 필요한 것은 채워 주고 싶었다.

미국에도 사교육은 존재하고 교육의 불평등도 존재한다. 오히려 한국보다 심하면 심했지 덜하지는 않을 것이다. 한국은 사교육을 쉽게 받을 수 있고 그렇기 때문에 비용이 적지만 미국은 그렇지 않다. 학원이 거의 없다 보니 대부분 개인 과외로 해결해야 하고 비용이 비싸다. 그러니 일반 서민이라면 엄두를 못 낸다. 경험이 곧 돈인 세상이다.

막내딸이 탭댄스 공연을 보고 자신도 다음에 탭댄서가 되고 싶다며 탭댄스를 배우겠다고 한 적이 있다. 일시적인 호기심일 것이지만 "그런 건 안 해도 돼" "너 보나마나 오래 안 할 거야" "너 전에도 한다고 해 놓고 안 했잖아" 하는 식으로 반응하지 않았다. 아이가 도전하겠다고 하면 그것이 무엇이 되었건 진지하게 받아들이고, 그것을 들어주기 위해서 최선을 다해 노력했다.

"그래, 방법을 찾아보자."

그 자리에서 'Yes'라고 하지는 않았지만, 노력해서 곧 원하는 대로 해 주었다. 엄마가 얼마나 노력하는지 알고, 자신들 뒷바라지 하는 데 들어가는 돈을 얼마나 힘들게 버는지 알기 때문에 아이들도 고마워하며 최선을 다했다. 내가 기회를 제공하면, 아이들은 그 기회를 바탕으로 또 다른 기회를 만들어 왔다. 그렇기 때문에 여기까지 온 것이다.

"엄마가 공부할 기회는 만들어 줄게. 그 다음부터는 너희들이 알아서 해라."

"엄마, 걱정 마세요. 우리가 이제 엄마 차도 사 주고, 집도 사 드릴게요."

그러면 나는 웃으면서 대답한다. 아이들이 건강하고, 비를 피할 수 있는 집이 있고, 타고 다닐 차가 있고, 따뜻한 저녁을 먹을 수 있어서 나는 감사하지 않을 수 없다고. 나는 아이들을 하나님을 위해 왕과 같이 키웠으므로 그것으로 만족한다고.

삶의 목적을 되새기게 하라

자녀 교육은 언제부터 시작하는 것이 좋을까? 나는 아기를 가지기 전부터라고 생각한다. 모태 교육이 중요한 이유는 태아는 탯줄을 통해 엄마가 섭취한 영양분을 받아들일 뿐 아니라 엄마의 생각과 감정도 받아들이기 때문이다. 심지어 태아는 엄마의 뱃속에서 울고 웃기까지 한다. 그러니 어찌 좋은 생각을 하지 않을 수 있으며, 기도를 쉴 수 있겠는가.

나는 아이들의 이름을 지을 때도 기도대로 지었다. 그러니 이름을 부를 때마다 자녀를 위해 드린 기도가 생각나지 않을 수 없었다.

예부터 이름을 잘 지어야 한다는 말이 있다. 이름이란 불리는 것으로, 그렇게 불리다 보면 그런 사람이 된다고 생각해서다. 예수님의 이름인 임마누엘은 '하나님이 우리와 함께 계시다'라는 뜻이다. 모세라는 이름은 '물에서 건졌다'라는 뜻이다. 때로 삶이 바뀌면서 이름이 바뀌기도 한다. 야곱은 얍복강에서 천사와 씨름을 한 뒤에 '야곱'에서 '이스라엘'로 이름이 바뀐다. 사도 바울은 큰 자에서 작은 자가 되었다는 의미에서 '사울'에서 '바울'로 바뀐 경우다.

부모님이 주신 나의 이름은 '공경 경', '사랑 애'이다. 예수님을 공경하고 이웃을 사랑하는 사람이 되라는 뜻에서 지어 주신 이름이다. 나는 이름답게 살기 위해 노력한다. 그래서 아이들의 이름을 지을 때도 소망을 담아 지었다.

큰딸의 이름은 '은혜'이고, 영어 이름은 '그레이스'다. GRACE의 G는 God, R은 Rich, A는 a, C는 Christ, E은 Expense다. 하나님의 무한하신 은혜를 받을 수 있게 예수님께서 피로 지불하셨다는 뜻이다. 그러니 그 사실을 늘 잊지 않고 되새기며 그에 걸맞은 사람이 되라는 뜻이다.

아들의 이름은 '성찬'이고, 영어 이름은 '존'이다. JOHN의 J는 Jesus, O는 Obey, H는 Honor to GOD, Humble yourself, 그리고 N은 New in Christ everyday이다. 주님을 경외하고, 항상 겸손하며, 매일 새로워지라는 뜻에서 지은 이름이다.

막내딸의 이름은 '은희'이고, 영어 이름은 '조이'다. JOY의 J는 Jesus first, O는 Other second, Y는 You last이다. 하나님을 우선으로 섬기고, 두 번째로 이웃을 섬기며, 자신을 마지막으로 섬겨 하나님께 기쁨이 되는 사람이 되라는 뜻이다.

나는 아이들이 자신의 이름대로 살게 되기를 바라는 마음에서 편지를 쓰거나 기도할 때 이름을 풀어 써 준다. 1년에 한 번 생일 카드를 쓸 때, 그리고 크리스마스카드를 쓸 때도 마찬가지다. 자신의 이름을 되새김으로써 자신의 중심이 어디에 있으며, 어떤 목적으로 살아야 하는지 다시금 깨닫게 하는 것이다.

칭찬과 격려라는 배터리

흔히들 딸과 아들은 다르다고 한다. 아이들을 키워 보니 그 느낌을 알 것 같았다. 사랑스럽기는 다 같은데, 아들과 딸은 하는 행동이나 마음 씀씀이가 달랐다. 하나님은 내게 친구 같은 큰딸을 주셨다. 퍼 주기 좋아하고 마음이 여리다. 덜렁거리기 잘하는 것까지 딱 어릴 적 나를 닮았다. 막내딸은 무엇을 하든 언니가 하는 대로 따라 했으니, 막내딸은 큰딸이 절반쯤 키운 셈이다.

그런데 장난꾸러기에다가 에너지가 넘치는 아들은 딸들과 달라도 너무 달랐다. 책 읽기를 좋아하는 딸들이 책에서 눈을 떼지 못하고 있을 때, 별을 눈에 박은 것 같은 아들은 호기심 어린 눈으로 사방을 둘러보았다. 초등학교 때도 두각을 드러내지 못했고, 중학교에 가서도 그러했다.

"운동하러 가야지?"

나는 스포츠센터로, 봉사 활동 하는 곳으로 아들을 이끌었다. 집에서 무료하게 놀리는 것보다 밖에 나가서 에너지를 발산하라고 시킨 것이다. 억지로 책을 읽히거나 공부를 시키고 싶지 않았다. 공부에 그다지 취미를 붙이지 못하는 것 같은데 그 이유를 알 수 없었다. 하기가 싫다면 왜 하기가 싫은 것인지 알고 싶었다. 우선은 일하는 것이 얼마나 힘든 것인지 체험하게 했다. 조이패션에서 아르바이트를 시킨 것이다.

"엄마, 나 공부할래요. 일하는 건 너무 어려워요."

아르바이트를 한 지 며칠 되지 않아 아들이 고개를 절레절레 흔들었다.

"공부가 좋아서 해야지, 일이 어려워서 하면 되나?"

"그래도 일하는 것보다는 나을 것 같아요."

일을 하든 공부를 하든 미래를 위해서는 무엇인가 해야 한다는 것을 알려 줌으로써 "공부하라"는 잔소리를 하지 않아도 아이가 깨닫게 되었다. 어떤 식으로든 살기 위해서는 노력해야 한다는 사실을 알게 된 이후부터 공부도 열심히 했다. 물론 딸들은 모든 과목에서 A인데 아들은 늘 들쭉날쭉했다. 그런데도 "공부해" "넌 왜 이것밖에 못하니?"라는 지적이나 잔소리를 하지 않았다. 대신 격려하고 칭찬했다.

"넌 천재인가 봐. 공부를 안 했는데도 그렇게 성적이 나온다는 건 놀라운 일이야."

사실 그랬다. 마음 같아서는 조금만 더 하면 성적이 좋겠다는 욕심은 있었지만, 자식은 끈다고 끌려오는 순한 일소가 아니다. 재미있는 것은 그에 따른 아들의 반응이었다.

"엄마, 정말 그런가 봐요. 나도 공부하면 가능성이 있을까요?"

아들은 자신이 진짜 천재인 줄 알고 열심히 공부했다. 결과를 놓고 보면, 나는 격려를 통해서 아들이 스스로 공부하게끔 유도한 셈이었다. 실제로 아들에게도 가능성이 충분히 있다는 것을 알게 되었다. 아들은 큰애를 따라 보스턴대학을 갔을 뿐 아니라, 두 번이나 떨어졌지만 결국 하버드대학원에 들어갔으니 말이다.

아들에게 천재 운운한 말은 거짓말은 아니었다. 실제로 더 노력하라는 잔소리보다, 노력한 것에 비하면 성적이 잘 나왔다고 함으로써 도전 의지를 자극했을 뿐이다. 칭찬은 잔소리와 다른 장점을 갖고 있다. 칭찬은 아이의 가능성을 믿지만, 그렇다고 절대로 강요하지는 않는다. 반면 잔소리는 그것이 아무리 좋은 뜻을 담고 있을지라도 잔소리에 불과하다.

엄마는 샌드백

아이들이 갑자기 미운 짓을 하고 말을 안 들을 때가 있다. 자기 감정을 조절하지 못해서 화낼 일이 아닌데도 화를 내는 경우가 있다. 어른도 그러할진대, 감정이 불안정한 사춘기 때는 오죽할까. 게다가 그때는 학업 스트레스도 만만치 않다. 세상의 모든 일은 스트레스 없이 이루어지지 않는다. 적절한 스트레스는 그것을 극복해 내었을 때 성취감을 주지만 도가 넘은 스트레스는 괴로움을 준다. 도전하는 일이 많은 아이들은 그만큼 스트레스도 많이 받는다.

나도 집에 들어가면 피곤해서 쉬고 싶은데, 아이들을 돌보느라 쉴 수가 없었다. 아이들이 간혹 짜증을 내면 나는 묵묵히 그것을 다 받아내었다. 나한테 짜증을 내는 것이 아니라, 그냥 자신을 감당하지 못해서 툴툴거리는 것이었다.

'이럴 때는 내가 참아야지'라고 생각하면서 심호흡을 했다. 아이들도 어딘가에 짜증을 발산해야 하는데, 그걸 엄마 말고 누가 받아주겠는가. 그때마다 "너 왜 그러니? 엄마도 힘들다"라는 말이 목까지 나왔지만 꾹 참고 묵묵히 샌드백 역할을 했다. 샌드백은 맞으면 튕기지 않는다. 안에 모래를 넣는 이유가 반동을 줄이기 위해서다. 아이가 신경질 낸다고 맞받아치거나 아이에게 야단을 치면 반동이 그만큼 커진다. 한 사람이 참고 나면, 긴장감이 금방 풀어지면서, 사과를 한다. 엄마한테 짜증을 내려고 한 건 아닌데, 본의 아니게 짜증을 냈으니 말이다. 엄마가 화를 내었다면 덜 미안할 텐데, 엄마가 화를 내지 않으니 사과하지 않을 수 없는 것이다. 덕분에 아이 셋과 사춘기를 지나면서 좌충우돌했지만, 큰소리 내지 않고 지나갈 수 있었다.

세상의 모든 아이들은 어른들만큼이나 사는 게 힘들다. 공부를 잘하면 잘하는 대로 못하면 못하는 대로, 나이가 어리면 어린 대로 많으면 많은 대로, 아이들 수준에서 걱정이 있다. 그것을 어떻게 잘 풀면서 사느냐가 지혜일 것이다.

매사에 완벽주의자인 막내는 일주일 동안 입고 갈 옷까지 다 계획을 짜 놓는 성격이다. 그런데 하는 일은 또 많다 보니 30분이라도 제대로 쉴 틈이 없었다. 그래서 스스로 뜨거운 쇠처럼 달아오를 때가 있었다. 나는 긴장을 풀어 주기 위해서 농담도 준비하고, 아무리 지치더라도 밝은 목소리로 아이를 대하려고 노력했다. 나도 힘들었지만 누군가의 희생이 없이 좋은 결과를 얻을 수 있겠는가?

아들은 딸들과 달리 무엇을 하든 가슴을 졸이게 만들었다. 혹시나 밖에 나가서 친구들과 어울려 다니다 분위기에 휩쓸려 술을 마시지는 않을까, 취한 아이의 차에 올라타지 않을까, 남자 아이들끼리 몰려다니다 싸움에 휘말리지는 않을까 하는 여러가지 걱정에서 자유롭지 않았다. 미국이란 나라가 10대의 임신과 약물과 폭력으로 얼룩진 나라다 보니 아들을 믿더라도 밖에 내놓는 것 자체가 두려웠다. 아무리 듬직한 어부라 할지라도 캄캄한 밤에 파도치는 바다에 나가야 한다면 그 어부의 어머니는 걱정할 것이다. 내가 딱 그 심정이었다.

게다가 흥이 많은 아이다 보니 많은 아이들과 어울리고, 늘 춤과 노래에 빠져 있었다. 길을 가면서 리듬을 타느라 건들댈 때 누군가 다가와서 툭 부딪치고는 시비를 걸거나 그 모습을 기분 나쁘게 보고 싸움을 걸 수도 있었다. 중학교 때는 흑인 친구들과 어울려 마이클 잭슨 춤에 빠지기도 했다. '조금 더 공부하면 좋을 텐데' 하는 마음이 없었다면 거짓말이다.

잔소리를 하고 싶었지만, 그때마다 기도를 했다. 기도하지 않으면 애간장이 녹는다는 표현처럼 마음이 무너져 내렸다.

큰딸은 살림 밑천이라는 말처럼, 나의 기둥이 되어 주었지만, 그래도 아이는 아이였다. 엄마 손을 필요로 하는 데가 여기저기 있었다. 게다가 가장 먼저 대학에 가고, 사회에 나가는 만큼 진로와 관련되어 해결해야 할 것들이 늘 쌓여 있었다. 그래서 큰딸이 처음 대학에 갔을 때 매일 손으로 편지를 써서 한 달간 보내 주었다. 한 달 후 큰딸은 학교에 잘 적응했으니 이제 편지를 보내지 않아도 된다고 답장을 보내 왔다.

나는 한 마디라도 사랑이 담긴 말을 해 주려고 노력했다. 그렇지 않으면 바로 여기저기서 짜증과 큰소리가 터져 나왔을 것이다.

"또 아비들아 너희 자녀를 노엽게 하지 말고 오직 주의 교훈과 훈계로 양육하라"

에베소서 6장 4절의 말씀을 볼 때마다 나는 부모로서 책임감을 느꼈다. 바깥에서 지쳤을 자녀들에게 엄마로서 힘을 주고, 평화로운 기운을 주어야 한다. 그런데 나 또한 바깥에서 지쳐서 들어오기는 마찬가지여서 말이나 행동에 더욱 조심했다. 나의 가라앉은 기분 때문에 아이들까지 가라앉게 하지 않기 위해, 나의 짜증을 아이들에게 풀지 않기 위해 노력했다.

어른들은 자신도 모르는 새 아이들에게 화를 내는 경우가 있다. 다른 일로 화가 났거나 짜증이 났을 때 아이에게 화풀이를 하는 경우도 생긴다. 특히 배우자의 미운 모습과 닮았다면 더욱 그러하다. 남을 험담하면서 자녀들에게 착하게 살기를 바라는 건 모순이다. 가정에서 위선적인 삶을 살면서 자녀가 잘 자라길 바랄 수 없을 것이다. 간혹 아이를 키우다 보면 반성해야 하는 경우도 생길 것이다. 그럴 때마다 엄마가 샌드백이 되어야 한다는 걸 되새긴다면 자녀와 부모 간에 좀 더 많은 사랑의 대화가 오가지 않을까.

가난은 소금이다

가난은 그 자체가 훌륭한 스승이다. 정신을 썩지 않게 해주기 때문이다. 가난이 죄라는 탄식을 나는 싫어한다. 그것은 꼭 맞는 말이 아니기 때문이다. 가난 속에서도 얼마든지 기쁨을 누리고 주어진 것에 감사할 수 있다. 기쁨과 감사를 느낄 수 있다면 가난만큼 인생에 훌륭한 스승은 없다.

나는 1센트의 돈이라도 소중하다는 것을 아이 때부터 가르쳤다. 작은 것에 감사하고, 스스로 수고하는 기쁨을 누리게 하기 위해서다. 그래서인지 아이들은 "엄마가 밥 살게"라고 하면 "고맙습니다"라고 깍듯이 인사를 한다.

경제에 대한 개념을 어린 시절부터 키워 주기 위해서 프리스쿨

(한국의 유치원에 해당) 때부터 통장을 만들어서 관리하게 했다. 네다섯 살 때부터 집안일을 하고 용돈을 벌게 했다. 잡초 뽑기나 낙엽 쓸기를 하면 봉투에다 10센트씩 넣어서 주었다. 수고에 대한 대가가 결코 과하지 않았다.

가장 큰 보너스는 학교에서 성적 A를 받아오면 1달러를 주는 것이었다. 큰딸이 1학년 때부터 1달러였는데, 막내가 고등학교를 졸업할 때도 1달러였다. 다른 아이들은 100달러를 받기도 하는 모양이었지만 나는 1달러를 고수했다.

주말이 되면 아이들은 모두 조이패션에서 아르바이트를 했다. 다른 아이들이 주말이라 놀러 다닐 때 엄마를 도와 일을 한 것이다. 나는 그걸 당연하게 생각했다. 엄마도 가족을 위해서 일하지 않는가!

아이들은 이외에도 과외 선생을 하거나, 백화점 옷가게에서 일하거나, 주변 지인들의 심부름을 해서 돈을 모았다. 어릴 때부터 돈을 벌어 보게 되면 돈이 얼마나 귀중한지 깨닫게 된다. 더불어서 그 귀중한 것을 어떻게 써야 하는지도 자연스레 배우게 된다.

큰딸은 직장 생활을 하면서 돈을 많이 벌었고, 씀씀이도 큰 편이다. 그러나 아들과 막내딸은 1달러까지 계산해서 쓴다. 특히 막내딸의 알뜰함은 말 그대로 소금처럼 반짝거린다. 운동화에 커다란 구멍이 날 때까지 신은 것을 보고, 그렇게까지 하지 않아도 된다니까 자기는 괜찮다고 했다. 그렇게 아낀 돈으로 니카라과로 봉사 활동을 가는 데 썼다.

"엄마가 돈을 힘들게 벌기 때문에 저도 외식 한 번 하지 않았어요. 아이스크림도 사 먹지 못하겠더라고요."

대학생 입에서 이런 말이 나왔다는 걸 누가 믿을까?

나는 가슴이 뭉클했다. 절약이야말로 자기 자신을 계획하고 절제하는 아름다운 행동이다.

우리 가족은 1달러를 쓸 때 1달러로 하루를 살아가는 아프리카 아이들을 생각한다. 물 한 봉지에 50센트를 주고 사 먹어야 하는 그들의 절대 가난을 생각하면, 허투루 쓸 수 없는 것이다. 돈의 가치에 대해서 알고 쓰면 돈을 쓰는 데 신중해진다. 그리고 주어진 돈을 더욱 가치 있게 쓰려고 노력하게 되는 것이다.

엄마의 역할은 하녀가 아니라 '퀸'

미국식 교육의 좋은 점은 엄마 역할, 아빠 역할이 정해져 있지 않다는 것이다. 가정이라는 울타리를 지키기 위해서는 함께 일해야 한다. 나는 아이들이 어릴 적부터 집안일을 돕게 했다. 책임감을 심어 주기 위한 교육이기도 했지만, 현실적으로 내가 너무 바빠 시간이 없었기 때문이기도 했다. 아이들마다 정해진 일이 있었다. 큰딸은 설거지, 아들은 청소, 막내딸은 빨래 널기와 개기다. 각자 흩어져서 후닥닥 해치웠다. 각자 영역이 있기 때문에 싸울 일도 없었다.

외할머니가 아이들을 보살펴 주셨지만, 외할머니의 역할이 밥하고 빨래하고 청소하는 것은 결코 아니었다. 외할머니는 아이들이 올 시간에 맞춰 감자전을 구워서 이웃들과 나누고, 아이들 옆에서 지켜 주는 존재였다. 아이들이 집으로 돌아왔을 때 따뜻하게 맞아 주고, 한마디라도 토닥여 주는 것이 외할머니의 역할이었다. 즉, '미세스 스마일'이었다. 아이들을 보고 웃어 주는 것.

아이들은 자라면서 외할머니에 대한 책임감을 가졌다. 어릴 때는 외할머니가 자신들을 보살펴 주셨으므로, 이제는 자신들이 외할머니를 보살펴 드려야 한다는 것이었다.

그러면 나의 역할은? 나는 퀸이다. 바쁜 퀸이긴 하지만 집에서는 적어도 설거지를 하거나 아이들이 남긴 음식을 먹거나 아이들이 벗어놓은 옷을 따라다니며 주워서 세탁기에 넣고, 잔소리하는 엄마가 아니라는 것이다.

나는 아이들과 함께 계획을 짜고, 아이들이 못하는 걸 찾아 주고, 필요할 때 조언해 주고, 아이들에게 필요한 것을 공급해 주는 역할을 한다. 아이들이 내게 가장 바라는 건 자신들과 대화해 주는 것이었다. 어려서부터 대화를 통해서 생각하고 판단하는 버릇을 들여서인지, 무슨 일을 결정하기 전에 꼭 내게 자신의 생각을 말하고 나의 의향을 물어 왔다. 엄마가 자녀들과 가장 많이 해야 하는 건 대화가 아닐까? 나는 사실상 엄마 하면 떠오르는 이미지인 '잔소리'는 덜 하려고 노력했다. 전혀 안 했다면 거짓말이다. 같이 부대끼다 보면 잔소리 한 번 안 하기는 힘드니까. 대신 '잔소리'가 아닌 '대화'를 많이 하며 아이들에게 좋은 멘토가 되어 주기 위해 의도적으로 노력했다.

아이들이 원하는 엄마는 엄마 본인이 생각하는 엄마와 많이 다를 수 있다. 한국적 관점에서 말하면 나는 좋은 엄마가 아닐 수도 있다. 나는 정성을 들여서 아침, 점심, 저녁을 요리사 수준으로 차려 놓지 않았다. 집을 인테리어 디자이너 수준으로 감각적으로 꾸며 놓지도 않았다. 집은 온통 아이들의 그림이나 만들기, 사진으로 장식되었다. 아이들의 아침은 주로 시리얼 같은 것으로 미국 아이들과 다를 바 없었고, 저녁 한 끼만 한국식으로 했는데 1식 1찬이었다. 김치찌개 한 가지나 김치와 참기름을 넣고 쓱쓱 비벼 먹는 비빔밥 같은 것이었다. 옷도 아이들이 직접 찾아 입었고, 다림질을 해야 하면 직접 했다. 챙겨 주는 것과는 거리가 멀었다.

대신 내가 챙겨 주는 것은 어떤 캠프에 갈 것인지, 어떤 활동을 할 것인지, 어떤 장학금을 신청할 것인지 같은 '서류적인' 것이었다. 그리고 택시 기사처럼 필요한 장소에 데려다 주는 역할을 했다. 아마 아빠가 있었다면 아빠가 담당했을 부분을 내가 한 것인지도 모른다.

아이들은 이것만으로도 충분히 만족했다. 작은 아이는 내가 만든 오이소박이가 없으면 밥을 먹지 않았다. 오이소박이는 한국식으로 손이 많이 가게 담지 않고 처음부터 깍두기처럼 썰어서 절인다. 그런 다음 마늘, 소금, 고춧가루를 조금 넣고, 엄마의 사랑도 넣어서 조물조물 버무려 냉장고에 넣어 두고 먹으면 된다. 밖에서 일을 해야 하다 보니 너무 바빠서 손이 많이 가는 음식을 한 번도 해 준 적이 없지만, 그런 음식을 해 주지 않아서 서운하다는 말을 들은 적은 없다.

심지어 아이들이 자라면서 내가 해야 하는 집안일은 점점 없어졌다. 아들은 열여섯 살이 되자 운전면허증을 땄다. 필요한 운전은 가급적 자신이 하려고 했다.

엄마들은 아이를 위해서 자신이 뭐든지 해 줘야 한다고 믿는다. 그들의 신념이 완전히 틀렸다고만은 할 수 없지만, 방법에 있어서는 한번 고민해 봐야 하지 않을까? 아이들이 충분히 할 수 있는 것은 그들에게 맡겨야 한다고 생각한다.

실제 우리 가족은 서로 일을 나눠 가면서 살았다. 공부에 집중해야 한다는 이유로 아이 스스로 해야 하는 일을 하지 않게 하면 아이는 서서히 이기적으로 변한다. 화장실 청소, 음식물 쓰레기 버리기 같은 더러운 일은 하지 않으려고 한다. 가정에도 분명히 수고를 해야 하는 어려운 일이 있는데도 말이다.

내가 아이들에게 일찍부터 집안일을 나눠 시킨 이유는 책임감을 키우기 위해서였다. 일을 나눠서 하면 집안을 함께 꾸려 간다는 책임감이 생겨난다. 내가 일하는 엄마여서 집안일을 할 시간이 부족했기 때문이기도 하지만, 그와 동시에 아이들에게 가정이란 울타리를 지키기 위해서 각자 어떤 노력을 해야 하는지 가르쳐 주기 위한 교육적 목적도 있었다. 가정은 사랑할수록, 책임감을 가질수록 더욱 단단해지기 마련이다.

아이는 '물가'까지만 데려다 줄 것

어릴 때부터 나는 아이들에게 숙제를 가르쳐 주거나 도와주지 않았다. 한국의 숙제에 비해 미국의 숙제는 어렵다. 조사도 많이 해야 하고, 조사한 자료를 어떤 식으로든 가공해야 한다. 숙제를 하려면 아이디어도 많아야 한다. 문제집 풀기같이 간단히 해결할 수 있는 숙제는 거의 없다. 그러다 보니 어떨 때는 하루, 어떨 때는 일주일, 혹은 한 달씩 걸리기도 한다. 책을 한 권만 읽어서는 해결되지 않고, 보통 여러 권, 어떨 때는 수십 권씩 읽어야 할 때도 있다.

아이들은 때로 내게 SOS 신호를 보내기도 했다. 바빠서 도와줄 틈이 없었을 뿐 아니라, 사투리가 섞인 내 엉터리 발음으로는 도와줄 수 없는 상황이기도 했다.

"숙제는 스스로 해야 하는 거야. 제대로 할 수 없으면 할 수 있는 데까지만 하면 돼. 선생님은 네게 숙제를 냈지, 엄마한테 내 준 게 아니야."

가장 최선은 이렇게 아이 스스로 하게 하는 것이다. 한 번 아이를 도와주기 시작하면 계속 도와주어야 하는 악순환이 벌어진다. 왜냐하면 엄마가 도와주면 자신이 노력할 필요가 없다고 생각하기 때문이다. 그것이 반복되면 아이들은 으레 자신보다는 모든 면에서 엄마가 더 잘한다고 생각한다. 그러면 아이는 점점 자신감이 낮아지고, 결국 능력이 없는 아이가 된다.

나는 아이가 스스로 해결할 수 있도록 도서관에 데려갔다. 책이나 자료를 찾는 방법은 알려 줄 수 있지만 책이나 자료를 직접 찾아 주지는 않는다. 물고기를 잡는 법을 가르치면 물고기를 잡아 주지 않아도 된다는 평범한 가르침을 실천한 셈이다.

"아, 엄마 물어보지 않을게요. 엄마는 나 혼자 하라고 할 테니까."

아들은 도움을 구하러 왔다가도 웃으며 혼자 하겠다고 선언했다.

"아, 엄마 대답하지 않아도 돼요. 엄마가 무슨 말을 할지 알아요."

혼자서 하다 힘들어진 막내가 도와달라고 했다가도 곧 이렇게 덧붙였다.

그러면 나는 빙그레 웃었다.

"그래, 나보다 훨씬 잘할 텐데, 뭘."

정말 그랬다. 아이들의 머리는 유연해, 사고의 폭이 점점 더 커졌다. 아주 어릴 때야 나의 조언이 통했을지도 모른다. 하지만 어느 정도 자라면 아이들의 사고력이 어른들을 앞지르기 마련이다.

물론 나는 아이가 내게 자신의 생각을 말하고, 이런저런 아이디어를 내는 것을 관심을 가지고 귀 기울여 들어주었다. 필요하다면 직관적인 말로 도움을 주었다. 그러나 그건 어디까지나 숙제 내용의 외적인 부분이다.

'스스로 구하게 하라.'

이것이 내가 아이를 단련한 방법이다. 아이를 물가까지는 데려갈 수 있지만 절대로 손에 두레박을 쥐어 주지는 않는 것! 직접 두레박을 만들어 물을 긷는 것처럼 어려운 과정을 견디게 함으로써 공부에 있어서도 자립심을 길러 준 것이다. 큰 두레박으로 물을 한 번 푸든, 작은 두레박으로 여러 번 푸든 그건 아이가 알아서 판단할 일이니까.

선생님의 생일에는 탐스러운 장미꽃을

좋은 아이를 만드는 사람은 부모와 선생님, 그리고 자기 자신이다. 미국의 교실은 한 반에 스무 명 정도밖에 되지 않아 선생님의 숨소리 하나하나, 손짓이나 눈빛이 고스란히 학생들에게 전달된다. 선생님들은 마치 가족처럼 아이 한 명 한 명을 꼼꼼하게 보살핀다. 오늘은 아이의 기분이 어떤지조차 신경 쓴다. 물론 그렇지 않은 선생님도 있는 것은 어쩔 수가 없다.

세 아이 모두 선생님을 유독 잘 만났다. 다들 자신의 선생님이 최고라며 잘 따랐다. 해마다 좋은 선생님을 만나게 해 달라고 기도했는데, 응답받은 셈이다.

"엄마, 우리 선생님 생신은 마더스데이 다음 날."

아이들은 이런 식으로 학기 초에 선생님 생일을 내게 알려 준다. 선생님께 생일이 언제인지 여쭤 보라고 하면, 이렇게 대답을 받아 왔다. 나는 달력에 선생님들의 생일에 동그라미를 해 놓고, 생일이 되면 탐스러운 장미꽃 한 송이를 아이 편에 보냈다. 선생님들은 부담스럽지 않지만 꽃이 주는 감동과 학부모가 자신의 생일을 기억해 주는 것에 감동해 기뻐한다. 탐스러운 장미 한 송이가 선생님께 감사를 전하는 나만의 노하우라면 노하우다.

아들은 1학년 때 담임선생님을 유난히 따랐다. 연세가 많은 할머니 선생님이었는데, 우리는 모두 '미세스 스미스'라고 불렀다. 스미스 선생님은 아이들을 인형 다루듯이 대하셨다.

"예쁜이들아, 사랑한다."

버스에서 내리는 아이들의 머리를 일일이 쓰다듬어 주셨다. 아들이 선생님을 얼마나 좋아했는지, 학교 버스가 7시에 오는데 6시부터 나가서 기다릴 정도였다. 빨리 학교에 가서 선생님을 만나야 한다는 것이었다. 스미스 선생님은 "어제 무슨 일이 있었니?" "밤새 좋은 일이 있었던 것 같구나?"라고 하며 아이들의 말문을 틔우면서 시작했다. 아이들은 선생님에게 고시랑고시랑 집에서 있었던 일을 말하면서 행복해했다. 5학년 때는 미세스 블링키십이라는 선생님이었는데, 엄마처럼 친밀하게 돌보아 주셨다. 7년 뒤에 고등학교를 졸업할 때 직접 전화해 축하 인사를 해 주실 정도로 아이를 챙기는 게 대단하셨다.

막내의 고등학교 때 선생님은 마치 친언니 같았다. 늘 "너는 할 수 있어"라고 하며 아이에게 새로운 도전 의지를 고취시켜 주었다. 막내딸은 선생님을 롤모델로 삼았고, 학교를 졸업한 뒤에도 계속 연락을 주고받았다. 나중에 보니 그 선생님은 중학교 교장선생님이 되어 있었다.

아들은 학교 선생님뿐 아니라 특별활동 선생님도 평생의 은인 같은 분을 만났다. 아들은 고등학교 때 펜싱을 시작했는데, 그분을 만나기 전까지는 펜싱에 재능이 있다는 것을 몰랐다. 아이의 숨겨진 재능을 일깨워 주었을 뿐 아니라, 아이 속에 숨어 있던 성실성을 일깨워 주어 전혀 다른 삶을 살게 도와주셨다. 펜싱을 배우기 전까지는 춤과 노래밖에 모르던 아이였는데, 펜싱을 배우는 순간부터는 목표가 생겼다. 대학에 가서도 펜싱을 해서 올림픽 선수가 될 생각이었지만, 아들은 전미 대학생 펜싱대회를 끝으로 펜싱과의 인연을 접었다. 외교관이 되고 싶다는 구체적인 목표 때문이었다. 펜싱을 하기 전까지는 무엇이 되고 싶다는 목표가 없었는데, 펜싱을 하면서 외교관에 대한 꿈도 키우게 된 것이다.

나는 아이의 선생님과 관련해서는 큰 축복을 받아 왔다. 선생님들은 아이들의 재능을 끌어내 주었을 뿐 아니라 아이들에게 좋은 영향을 끼쳤다. 나는 그것이 은혜라고 생각한다. 학년이 올라가기 전이면 나는 좋은 선생님을 만나게 해 달라고 몇 달간 작정 기도를 했다. 아이의 인생에 선생님이 중요한 만큼 기도하지 않을 수 없었다. 그 기도에 대한 응답을 백 퍼센트 받았다.

아이들의 친구도 나의 아이들

아직도 아이들의 친구들은 나를 '엄마'라고 부른다. 나는 독일, 유대계, 미국, 영국, 동남아, 아프리카, 중국, 남미 아이들의 엄마다. 아이를 키우는 10여 년간 아이들의 친구 엄마에게 가장 많이 들은 말은 "오늘 우리 아이를 보내서 저녁 때 같이 놀게 해도 되나요?"였다.

한국의 엄마들도 친구 집에 아이를 보낼 때 까다롭듯이, 미국의 엄마들도 까다롭다. 특히 청소년기의 아이들은 친구들 집에 몰려다니며 마약을 하거나 술을 마시기도 하는 등 문제를 일으키는 경우가 많았기 때문이다. 미국은 술과 담배, 섹스와 마약 그리고 총기에 아이들이 무방비로 노출되어 있기 때문에 믿을 만한 집이 아니면 아이를 보내기 꺼려하는 것이 사실이다.

하지만 많은 엄마들이 우리 집 만큼은 믿었기 때문에 우리 집에 아이들을 보내기 위해서 청을 넣곤 했다.

게다가 우리 집 아이들도 모두 친구를 좋아했다. 덕분에 주말마다 우리 집은 늘 북적였다. 한 번도 우리 식구끼리만 주말을 맞아 본 적이 없다. 늘 아이들을 위해서 슬립오버(친구 집에서 하룻밤 자기) 파티를 열다 보니 동네에서 일찌감치 '유치원 보모'라는 별명이 붙었다. 아침 일찍 일어나서 20인분의 밥을 해 놓고는 9시까지 쇼핑몰에 나가서 개점을 하는 날도 있었다.

"식사는 내가 준비해 놓고 가지만 설거지나 침대 정리, 집안 청소는 너희들이 해라."

아이들은 "네" 하고 씩씩하게 대답하고 깔끔하게 뒷정리를 해 놓았다. 하루 이틀 한 솜씨가 아니기 때문이다.

그레이스, 존, 조이의 친구들치고 우리 집에서 금, 토, 일요일에 밥을 안 먹어 본 사람이 없다. 지금도 우리 아이들의 친구들을 길에서 만나면 다들 반갑게 인사한다.

"엄마, 어디 갔다 오세요?"

아이들은 나를 '그레이스 엄마' '조이 엄마'라고 부르지 않고, 그냥 '엄마'라고 부른다.

여행을 갈 때는 9인승 밴에다 각자 친구들을 한두 명씩 태우고 갔다. 친구가 끼지 않은 채 우리 가족끼리만 여행을 가 본 적도 거의 없다.

만인의 엄마가 되는 건 수고스러운 일이다. 하지만 그것을 귀찮다고 생각하면 아이들이 행복해질 수 있는 기회, 친구를 보다 깊이 사귈 수 있는 기회를 빼앗는 것 같아서 나는 늘 만인의 엄마를 자청했다. 아이들을 위한 것이라면 나는 기꺼이, 무엇이든 들어줄 각오가 되어 있었다.

다양한 아이들과 늘 어울리다 보니 세 남매의 사회성은 동네에서 소문이 자자했다. 친구들과 어울릴 때 어떻게 대해야 하는지 잘 알게 된 것이다. 친구 사이는 서로 배려할 때 더욱 돈독해진다. 그리고 그것은 전적으로 아이들의 눈높이에서 이루어진다. 친구를 위해서라면 자신의 모든 것을 주어도 아까워하지 않았다.

막내딸이 고등학교 3학년(12학년)이 되었을 때, 당연히 학생회장에 출마할 줄 알았다. 1, 2학년 때도 학생회장이었기 때문에 3학년 때도 당연히 그럴 줄 알았다. 그런데 막내딸은 자신도 하고 싶기는 하지만 출마하지 않겠다고 선언했다. 그런데 그 이유가 듣기에 따라서는 황당할 수도 있었다.

"친구가 졸업식 때 스피치를 하고 싶대. 스피치하는 사람은 두 사람이잖아. 전교 1등한 사람과 학생회장. 친구가 너는 1등을 해서 스피치를 할 거니까 자신에게도 스피치할 기회를 달라고 했어."

"그 친구가 학생회장에 당선된다는 보장은 없잖니?"

"그래도. 나는 친구를 위해서 출마하지 않을 거예요."

결국 그 친구는 3,200명 앞에서 스피치를 하는 꿈을 이루었다. 막내딸은 의리를 지키기 위해 고교 생활의 마지막을 장식할 학생회장에 출마하지 않았을 뿐 아니라 그 친구의 선거운동까지 도와주었다.

말은 하지 않았지만 나는 막내의 그런 태도가 무척 자랑스러웠다. 나는 막내의 의견을 존중해 아무런 토를 달지 않았을 뿐 아니라 그 아이를 지지하게 도와주었다. 막내 친구의 일이라면 나의 일이기도 하기 때문이다.

아이들의 친구도 나의 아이들이다. 내 아이가 잘되기 바란다면, 아이의 친구들도 잘되기를 바라야 하지 않을까. 그래야 세상이 이기적이지 않고 공평하게 돌아갈 것이다.

책 속에 숨어 있는 기쁨 발견하기

엄마들은 자신이 배운 대로 아이들에게 가르친다. 내가 어릴 적부터 배운 건 책 속에는 말로 다 표현하지 못할 소중한 가치가 있다는 것이다. 나에게 꿈을 키우게 했던 건 낯선 세상에 대한 이야기가 담긴 책이었다. 그것은 나의 삶의 이정표가 되었을 뿐 아니라, 선택의 기로에서 주저하지 않고 넓은 세상으로 나갈 수 있도록 손을 이끌어 주었다. 매혹이었고, 끌림이었다. 내가 아이들을 책으로 인도한 것은 너무나 당연한 일이었는지 모른다.

나는 아이들이 한 살이 되기 전부터 손에 책을 쥐어 주었다. 아이들이 처음 선물 받은 장난감은 펼칠 수 있는 책이었다. 다음 장에는 무슨 그림이 있을까, 아이들은 궁금해하면서 책장을 넘기곤 했다.

나는 글자를 떼게 할 목적으로 책을 주지는 않았다. 책의 가치는 지식이 아니라 책 그 자체라고 생각해서다. 아이들은 책을 장난감처럼 갖고 놀면서 읽었다. 게다가 큰딸 아이가 책을 무척이나 좋아한 덕분에 동생들도 모두 책을 좋아했다.

나는 큰딸이 초등학교에 입학하기 전부터 아이 셋을 데리고 집 앞에 있는 도서관에 갔다. 아이들 덕분에 나도 책을 보게 되어서 기뻤다. 도서관에서 엄마와 함께 책을 보면 공공장소에서의 매너도 익힐 수 있다. 몇 살부터 도서관에 데리고 다녀야 한다든가 몇 살에 글자를 떼는 것이 좋다와 같은 규정은 없다. 일곱 살, 다섯 살, 세 살짜리 아이를 데리고 도서관에 다녔지만 아무런 문제가 없었다. 큰딸만 글자를 익혔고, 둘째와 막내는 글자를 제대로 알지 못했지만 도서관을 이용하는 데는 불편이 없었다. 특히 둘째는 남자아이라서 그런지 어디서든 뛰어다니길 좋아했는데, 이상하게 도서관에만 가면 얌전해졌다.

아이들과 함께한 모든 시간이 행복했지만 도서관에 다니던 때를 빼놓을 수가 없다. 당시 남편을 따라 교회를 섬기던 나는 늘 바빠서 조용히 쉴 시간이 없었다. 200명이 넘는 교인들 밥을 어떻게 할까, 새로 생긴 문제들은 어떻게 해결할까, 내 머리는 쉴 틈이 없었다. 그때 유일하게 편안한 시간은 도서관에서 책 속으로 들어가는 시간이었다. 그래서인지 아이들도 책을 편안하게 받아들였다. 글 익히기를 강요하지 않았기 때문에 더욱 편했는지도 모른다. 한시도 엉덩이를 붙이고 앉아 있지 못하는 장난꾸러기 아들도 그때만큼은 의젓하게 앉아서 책을 읽었다.

도서관에 간 첫날부터 아이들에게 그곳은 다시 가고 싶은 공간, 사랑하는 공간이 되었다. 세 살짜리 막내도 의젓하게 잘 적응했을 뿐 아니라 신동이라고 할 정도로 글자를 빨리 깨쳤다. 언니나 오빠에게 물어보면서 글자를 뗐는데, 글자를 익히는 데는 그게 가장 효과적인 방법인 듯하다. 막내는 내가 특별히 가르쳐 주지 않았지만 어느 날부터 글을 술술 읽고 있었으니 말이다.

'아이들이 책을 사랑하면 좋겠다.'

태교할 때부터 나는 아이들을 향한 소망 두 가지를 놓고 기도해 왔다. 첫 번째는 하나님을 아버지라 부르며 사는 아이가 되게 해 달라는 것이었고, 두 번째는 책을 사랑하는 아이가 되게 해 달라는 것이었다. 그 덕분인지 아이들은 책을 아주 사랑한다. 글쓰기도 사랑한다. 좋아하는 건 잘하기 마련인데, 사랑하니 오죽하겠는가. 아이 셋 모두 에세이를 아주 잘 쓰는데, 특별히 교육한 것은 없다. 글쓰기는 이렇게 하라고 말해 준 적도 없고, 선생님을 붙여 가르쳐 준 적도 없다. 어릴 때부터 책을 보면서 저절로 습득된 것이다.

그렇게 된 데는 아마도 내가 책을 대하는 태도가 아이들에게 영향을 준 듯하다. 나는 틈만 있으면 책을 읽는다. 아이들에게 책 읽는 엄마의 모습을 보여 주기 위해서가 아니라 정말 좋아서다. 아이들이 공부할 때 나는 옆에서 시를 쓰거나 글을 쓰곤 했다. 사랑하면 서로 닮아 가는데, 그건 너무나 자연스러운 일이다. 내가 사랑하는 일들을 아이들이 사랑하게 되어 나에게 더 큰 기쁨이 생겼음은 물론이다.

사춘기 반항의 치료약은 땀 흘리기

사춘기의 뇌는 흔들린다. 세상의 모든 것을 거리낌 없이 받아들인다. 호기심도 강하고, 위험한 줄도 모른다. 어른처럼 뇌의 회로가 완전히 만들어지지 않았기 때문이다. 그런데 미국이란 사회는 폭력이나 섹스가 난무하고, 총기와 마약은 비교적 손쉽게 구할 수 있다. 잊을 만하면 청소년 마약 범죄가 일어난다. 학교 주차장에서 마약을 소지하고 있다가 현행범으로 체포되기도 한다. 그런데 놀랍게도 그런 아이들이 흔히 말하는 문제아가 아니라는 데 나는 공포감을 느낀다. 아무런 문제가 없어 보이는 모범생 같은 아이들, 공부 잘하는 성실한 아이들도 마약에 빠져든다는 예를 보여 주기 때문이다.

큰딸은 학생회 일을 했는데, 마약이나 청소년 문제에 대해서 관심이 많았다. 이런저런 실태를 조사해서 내게 말해 주곤 했다.

"엄마, 생각보다 많은 아이들이 마약을 하고 있어. 심각해."

"왜 그럴까?"

"호기심이겠지. 나도 호기심으로 하려면 할 수도 있어. 그만큼 쉬워. 그런데 난 엄마 기도 때문에 안 할 뿐이야."

마약은 중독성이 강하기 때문에 호기심에 한 번 시작하면 끊기가 어렵다. 그러니 아이들을 얼마나 위험한 물가에 내놓는 것인가! 아이들이 사춘기에 접어들면서 나의 기도는 더 많아졌다.

나는 아들이 사춘기를 마음속에 맺힌 것이 없도록 모든 것을 발산하며 건강하게 지나기를 바랐다. 물론 그것은 딸들도 마찬가지였다. 사춘기에 싹트기 시작하는 성적인 호기심, 부모나 사회에 대한 불만, 자신에 대한 짜증 등 이 모든 것을 해소하는 데는 스포츠가 가장 좋다. 미국 교육이 아이들에게 스포츠를 하나씩 하게끔 하는 데는 이런 이유가 있을 것이다. 땀을 흘리다 보면 스트레스가 풀려 집중력이 좋아진다. 또한 땀은 숙면을 부른다. 컴퓨터나 핸드폰 같은 기계를 멀리하는 데도 도움이 된다.

아들이 마이클 잭슨에 빠져 하루 종일 춤만 추고 있을 때도 공부하라는 잔소리 대신 스포츠센터로, 봉사 단체로 더 땀을 흘릴 수 있도록 밖으로 내몰았다. 혹여나 내게 말 못하는 고민이 있더라도 지칠 때까지 몸을 움직여서 골치 아픈 고민을 풀라는 뜻에서다. 딸들과 달리 아들은 아빠의 빈자리 때문에 걱정이 되었다. 대부분의 가정에서는 사춘기의 아들을 아빠가 통제하니까 말이다.

게다가 중학교 때 아들은 딸들만큼 공부를 잘하지 못했다. 딸들이 워낙에 특출한 면이 있었던 것도 사실이지만, 아들은 공부로 눈에 띄는 스타일은 아니었다. 눈에 띄는 점은 유난히 큰 키와 잘생긴 외모, 친구들이 열광할 만큼 뛰어난 춤 실력이었다. 나중에 댄서가 되겠다고 해도 나는 전혀 놀라지 않았을 것이다. 아들은 춤을 그토록 사랑했다.

그러나 나는 크게 걱정하지는 않았다. 왜냐하면 아들은 하나님을 굳게 믿고 하나님의 말씀대로 따를 아이라는 믿음이 있었기 때문이었다. 아들의 중심에 무엇이 있는지 알기 때문에 무엇을 하든 믿고 기다려 줄 수 있었다. 그것이 아마도 아이가 성장하는 데 좋은 거름이 되었을 것이다. 적어도 엄마의 잔소리와 짜증, 불안과 불평에서 자유로웠을 테니까. 게다가 엄마가 무엇을 하든 자신을 지지하고 있다는 믿음을 가졌을 테니까.

나중에 아들이 철이 들고 나서 내게 한 고백에서, 아들도 이런 나의 마음을 알고 있었음을 알 수 있었다.

"엄마, 제가 속 썩일 때도 믿어 주셔서 감사합니다."

사랑받은 만큼 사랑하는 아이들

첫째아이가 태어날 때 외할머니가 산후조리를 해 주기 위해 미국으로 오셨다. 애초에는 몇 달간의 산후조리를 돕고 돌아갈 예정이었는데, 내가 고단하게 사는 모습을 보고는 차마 발걸음을 돌리지 못하셨다. 그때부터 13년간 외증손주들 옆에 머물면서 돌봐주셨다.

키가 150센티미터도 채 되지 않는 외할머니는 언제나 머리를 단정하게 틀어 올린 채 비녀를 꽂고 있어서 아이들은 '비녀 할머니'라고 불렀다. 가끔씩 외할머니가 비녀를 잃어버리면 아이들이 보물찾기를 하듯이 집안 여기저기를 뒤지며 찾아다녔다. 어른들은 못 찾지만 아이들은 희한하게도 외할머니의 비녀를 잘도 찾아냈다.

아이들은 외할머니와 가깝게 지내다 보니 자신들에게는 촌수가 면 외증조할머니인데도 친할머니인 줄 알았다. 친구들에게도 으레 '우리 할머니'라고 소개했다.

외할머니는 여든이 넘은 연세에도 아이들을 업어서 키우셨다. 따로 재우는 나와 달리 포근히 업어서 재워 주셔서 아이들은 외할머니에게서 많은 정을 느꼈다. 특히나 같은 방을 쓰던 아들이 외할머니를 잘 따라 늘 할머니의 손을 잡고 잤다.

"할머니, 백 살까지 사셔서 저 장가가는 거 꼭 보세요."

"그래, 너희들 때문에라도 오래 살아야겠다."

외할머니는 다섯 살짜리 손자의 말에 웃으시면서, 그렇게 약속을 하셨다.

그러던 외할머니는 아흔두 살이 되시자, 더 늦기 전에 한국으로 돌아가고 싶다고 하셨다. 이제는 아들 곁에 돌아가서 삶을 마무리하고 싶다는 것이다.

외할머니가 미국을 떠난다는 소식이 전해지자 애틀랜타의 이웃들은 모두 외할머니께 인사를 했다.

"할머니의 감자전은 최고였어요."

외할머니는 우리 집 아이들의 간식만 만드신 것이 아니라 온 동네 아이들의 간식을 만드셨다. 13년 동안 온 동네 아이들이 외할머니의 감자전을 먹고 자랐으니, 외할머니와 헤어지는 걸 자신의 친할머니와 헤어지는 것만큼이나 서운해했다.

아이들뿐 아니라 동네 이웃 중에 외할머니의 감자전을 먹지 않은 사람이 없었다. 외할머니는 아이들이 올 때가 되면 감자전을 잔뜩 구워 이웃에도 나눠 주었다. 얇게 썬 감자에 밀가루를 묻혀서 기름을 넉넉히 두르고 구워 내면 담백하면서도 쫀득쫀득한 감자전이 되었다. 커다란 접시에 가득 구워 놓으면 아이들은 그걸 순식간에 다 먹어 버렸다. 그러고 나서야 각자 숙제를 시작했다.

외할머니는 이웃들과도 친했다. 웃음과 친절, 그리고 사랑은 만국 공통어다. 이 세 가지를 적절히 사용함으로써 외할머니는 이웃과 충분히 대화했다. 영어를 전혀 못해도 소통에는 아무런 문제가 되지 않았다. 손짓과 발짓, 표정 등을 모두 동원하여 희한한 방법으로 농담을 주고받았다. 조용한 우리 동네에서 우리 집은 늘 에너지가 넘치는 집이었는데, 에너지의 중심에는 몸집이 작은 외할머니가 있었다.

외할머니는 아들네 집이나 딸집에 가면 간혹 기억장애를 일으키셨다. 무슨 말을 했는지 잊어버리기도 하고, 시간이 머릿속에서 뒤죽박죽으로 섞여 버렸다. 그럴 때면 외할머니는 소파에 가만히 앉아 계셨다. 그런데 희한하게 우리 집에만 오시면 기억이 초롱초롱해지셨다. 가끔씩 비녀를 잃어버리는 것 말고는 언제 그랬나 싶게 총기와 활기가 넘치는 모습이었다. 큰 소리로 아이들과 이야기를 하고, 온 집안을 돌아다니며 자신의 손길이 필요한 곳을 찾아내셨다.

외할머니는 한국에 가서도 활기차게 2년을 더 사셨다. 제주도에 가기도 하고, 설악산에도 가는 등 전국을 누비고 다니셨다. 지상에서의 마지막 날도 여느 때와 다를 바 없었다. 아침에 일어나서 목욕을 하고는 동네 친구들을 만나셨다. 저녁을 드시고는 잠자리에 드셨다가 소천하셨다고 한다.

외할머니가 하늘나라로 떠난 뒤에도 우리 아이들은 할머니에 대한 기억을 고스란히 가지고 있다. 할머니가 앉으셨던 의자, 할머니가 일하시던 싱크대, 할머니가 하시던 기도, 할머니가 하신 말씀 그 모든 것을 기억하면서, 하늘나라에서도 할머니가 자신들을 사랑하고 있다고 생각한다.

뿌리를 다치게 하지 말라

우리 동네 사람들은 외할머니와 함께 사는 우리 가족을 보며, 자신들에게는 없는 대가족 문화를 부러워했다. 외할머니는 집안의 중심이었고, 아이들과 항상 함께했기 때문이다. 나이가 들면 요양원에 보내지는 미국 할머니들과 달랐다. 게다가 놀랍게도 나에게 외할머니이니, 아이들에게는 외증조할머니다. 미국에서 외증조할머니와 사는 가정은 없다. 이런 이야기는 알렉스 헤일리의 소설 〈뿌리〉에나 나올 법한 이야기다.

외증조할머니와 한 집에 산다는 것이 아이들의 자랑거리였다. 자랑거리는 그 외에도 또 있었다. 우리 집에는 늘 친척들이 와 있었다. 친구들이 놀러 와서 누구신지 물으면 아이들은 나의 사촌, 외사촌,

고종사촌들을 소개했다.

동네 아이들은 우리 집을 통해 한국에는 자신들의 나라에 없는 대가족 문화가 있다는 사실을 알았다. 사실 국적만 따지자면 우리 아이들은 이민 3세대, 미국 아이들이다. 다만 엄마인 나만 미국에 간 지 얼마 되지 않았을 뿐이다. 아이들은 미국 시민이지만 한국 사람이라고 생각하고, 또 한국 사람으로서의 자부심을 가지고 자랐다.

미국 아이들에게도 할아버지와 할머니가 있지만, 몇 년에 한 번 볼까말까다. 사촌들끼리 만나는 건 극히 드문 일이다. 그런데 우리는 다르다. 미국 사람들이 보기에 한국의 대가족 문화는 굉장히 화목해 보인다. 부모를 공경하는 효 사상은 미국 사회가 가장 부러워하는 것이다. 그들은 부모를 모신다는 개념 자체가 없다. 부양이라는 개념과 모신다는 개념은 서로 다르다. 책임을 진다는 뜻에서는 같지만, 부양에는 존경의 뜻까지 내포되어 있지는 않다. 부모를, 조부모를 존경해서 모시는 것은 품위 있는 문화다. 또한 친척들끼리 서로 도우며 사는 것도 아름다운 모습이다.

한때 아이들의 외삼촌, 그러니까 나의 남동생 부부가 미국에 뿌리를 내리기까지 우리 집에서 살았다. 미국 사람들 입장에서 보면 개인의 프라이버시라고는 없는 생활이다. 그러나 우리는 불편하지 않고 행복했다. 이런 동양적인 문화에 대해서 그들은 이질감보다는 존중을 보냈다. 아이들의 어깨가 으쓱했음은 물론이다.

그뿐 아니라 아이들은 외증조할머니와 함께 산 덕분에 심지어 이

모할머니들과도 친했다. 사촌, 외사촌, 이종사촌, 고종사촌 등이 석 달씩, 혹은 반년이나 1년씩 우리 집에서 살았다. 아버지, 어머니 형제들이 우애가 좋은 덕분에 사촌이 53명, 조카들이 100명이 넘는 대가족이 만들어졌다. 그 대가족 속에서 아이들은 충분한 사랑을 받았다. 물론 이런 가족 문화는 한국에서도 드물 것이다.

"그레이스네는 드라마에 나오는 가족이야."

아이들의 미국 친구들은 우리를 그렇게 불렀다. 당시에 한류 덕분에 한국 드라마까지 미국 사람들에게 인기가 많았다. 드라마 속에서는 대가족이 나왔고, 미국 사람들은 한국의 그런 가족제도가 무척이나 신기했던 모양이다. 미국에는 없는 대가족 문화를 이어간다는 자부심, 형제와 가족을 넘어서 친척 간에 우애 있게 산다는 자부심은 명예나 돈이 가져다주는 자부심과 달랐다. 한층 뿌리 깊은 자부심이었다. 아이들은 어디를 가든 '한국인'이라고 자랑스럽게 내세웠다.

나는 아이들이 한국이라는 뿌리를 잊지 않고 살기를 바라는 마음에서 방학만 되면 세 아이 중 한 아이를 데리고 한 달씩 한국으로 여행을 왔다. 아이와 한 달 동안 한국 전역을 돌면서 한국 체험을 하는 것이다. 휴전선에서부터 제주도까지 발길이 안 닿은 곳이 없다. 전주의 한옥마을과 인사동, 용인 민속마을은 물론 화순의 고인돌 유적지 등 각종 유적지, 포스코와 현대자동차 같은 거대 공장들까지 다 견학함으로써 역사와 사회, 문화에 대한 지식을 쌓았다. 한국에서 해외동포를 대상으로 하는 캠프에 보내 전문적인 교육도 받게 했다.

아이들은 스스로를 한국인이라고 부른다. 국적은 미국일지라도, 한국인으로서의 뿌리와 정체성을 잃지 않도록 도와준 덕분이었다.

한국을 떠난 지 30년이 넘다 보니, 나도 이제 한국보다는 미국이 편하다. 그동안 한국은 지리도, 생활방식도 크게 변했기 때문이다. 게다가 1년에 절반 이상을 외국에 있다 보니 그냥 지구촌 사람이 되어 버렸다. 그런데도 나 또한 나의 뿌리는 한국이라고 말한다. 나는 어디에서 살아가건 한국의 전통을 지키며 살기를 원한다. 전통을 소중히 여기는 것이야말로 자신의 뿌리를 소중히 여기는 것이기 때문이다.

Part 4

올바른 세계관이 올바른 삶으로 이끈다

깨끗한 샘물이라도 변기에 담는다면 그 물을 먹을 수 있을까?

같은 이치로 똑같은 이야기를 할지라도

누가 하느냐에 따라서 그 말의 권위가 달라진다.

그렇기 때문에 사람은 그 바탕이 중요하며,

따라서 그릇이 잘 준비되어 있어야 한다.

훌륭한 그릇으로 준비되기 위해서는

올바른 세계관을 교육시키는 것이 중요하다.

가치관 교육이 중요한 이유

나는 아이들 교육에 있어 큰 그림을 그리는 것이 중요하다고 생각한다. 아이들의 인성이나 목표와 관련되어 내가 해줄 수 있는 것을 할 뿐, 세세하게 이거 해라 저거 해라 하는 식으로 코치하지는 않는다. 나는 자녀를 위해 두 가지를 해 주었다. 밥을 해주고 운전을 해 주는 것같이 여느 부모나 할 수 있는 일과, 나의 어머니처럼 기도해 주며 믿음의 사람이 되게끔 인도하는 일이다. 그렇게 하면 아이들은 하나님 안에서 스스로 합당한 사람이 되기 위해 노력한다.

나는 아이들을 위한 축복기도를 하루도 쉬지 않았다. 아침에 학교에 갈 때마다 머리에 손을 얹고 축복기도를 해 주었다.

"오늘 하루 하나님의 말씀 안에서 생활할 수 있게 축복해 주세요."

1년 365일 똑같은 기도였는데, 아이들은 프리스쿨에 다닐 때부터 대학에 갈 때까지 아침마다 내게 먼저 머리를 내밀었다. 아침에 늦었을 때도 "엄마, 바쁘니까 빨리요!"라고 문 밖에서 머리만 내밀지언정 꼭 기도를 받고 가려고 노력했다.

아이들은 손가락을 다쳐서 밴드를 붙일 때도, 약을 먹을 때도, 멍이 든 다리를 보여 줄 때도 내게 기도해 달라고 했다. 하루에 한두 번씩은 꼭 엄마의 기도를 받은 것이다. 어떻게 보면 늘 바쁜 엄마였기에 기도해 달라고 할 때가 엄마에게 자녀로서 응석을 부릴 수 있는 유일한 시간이었는지도 모른다.

아이를 키우면서 가장 중점을 둔 것은 바로 이런 기독교적 가치관 교육이었다. 하나님의 자녀로 하나님 안에서 살지 않으면 아무것도 할 수 없다는 것을 순간순간 기억하게 한 것이다. 하루를 시작할 때도, 아무리 사소한 일이 있을 때도 하나님께 기도하고 축복을 받도록 했다. 그래서인지 세 아이 모두 믿음의 자녀로 자랐다.

특히 막내딸의 이 고백은 들을 때마다 나는 가슴이 뭉클해진다.

"나는 언제나 하나님 앞에 나를 최상품으로 드리고 싶어요."

야무진 막내딸은 중·고등학교 때부터 자신의 인생 목표를 이렇게 잡았다. 그리고 최상품이 되기 위해 자신을 늘 다듬어 나간다. 큰딸도 첫 월급을 탔을 때 십일조로 바쳤다. 아들도 어디서 사례비를 받으면 절반 이상을 나에게 교회를 짓는 데 쓰라며 준다. 교통비로 쓰라고 하면 자신은 최대한 아껴 쓰면 된다고 한다. 자신의 시간과 돈의 우선순위에 하나님을 두는 것이다.

록펠러 어머니의 기도처럼 내가 아이들에게 십일조와 헌금에 대해서 말한 적이 있던가? 맥아더 장군의 자녀를 위한 기도를 들려주었던가? 세상에는 참으로 지혜롭고 좋은 말이 많다. 하나하나 행동을 바로잡아 갈 수 있는 그런 말들을 전해 주는 것도 물론 좋다. 다만 그 무엇보다 하나님의 은혜가 아니면 우리가 한순간도 존재할 수 없다는 것을 부모가 자신의 삶을 통해서 고백하고 나누는 것이 가장 큰 영향력이 있다. 부모 자신이 먼저 하나님의 자녀임을 고백하고, 자신의 자녀에게도 그렇게 전하는 것이다.

나는 하나님께서 나에게 도전 의지를 주신 것과, 경제적 어려움과 외로움 속에서도 하나님이 어떻게 나를 잡아주셨는지 아이들에게 자주 들려 주었다. 이야기를 들은 아이들은 누구보다 나의 삶 전체를 이해하며, 자신들의 엄마가 하나님이 사랑하시는 딸이라는 사실을 깨닫는다. 그럴 때면 나는 아이들에게 이렇게 말한다.

"그레이스, 존, 조이, 너희들도 하나님의 자녀야."

그러면 아이들은 바로 그 순간 자신은 어떻게 살아야 하는지, 삶의 목표를 찾게 된다. 자녀된 자로서 부모님을 섬기고, 기쁘게 해 드리기 위해 노력한다. 문화와 인종은 다를지언정 다른 친구들도 형제로 대하며 관대해진다. 다툼이 일어나는 곳에서는 화합하려 하고, 가난한 친구들은 도와주려 한다. 그 과정에서 자신이 하고 싶은 일을 그때그때 묻고 찾아갈 것이다. 유엔에 근무하든, 외교관이 되든, 정치가가 되든 정말 가치 있는 일을 찾아서 전력 질주할 것이다.

세상은 넓고, 매일매일 온갖 종류의 새로운 일들이 일어난다. 복잡다단한 사회 속에서 살아갈 때 가장 중요한 것은 하나하나의 잔가지를 가꾸는 것이 아니라 굵은 줄기, 즉 올바른 가치관을 가지는 것이다. 이러한 가치관 교육은 영혼이 순수할 때 해야 한다. 순수하기 때문에 그만큼 바탕이 잘 만들어진다.

부모가 완벽해야만 아이에게 올바른 가치관을 심어 줄 수 있는 것은 아니다. 나도 여전히 부족한 엄마다. 하지만 나는 실수할 때마다 솔직하게 잘못을 인정하고 아이들에게 용서를 구한다. 그리고 실수를 반복하지 않기 위해 노력하는 엄마의 모습을 보여 준다. 우리는 얼마나 실수투성이, 모순덩어리의 나약한 인간인지 모른다. 그렇기에 자녀에게 바른 가치관을 심어 주고 싶다면 부모 자신부터 믿음의 사람으로 살기 위해 매순간 노력해야 하는 것이다.

엄마로서 하는 유일한 잔소리

새해를 맞을 때마다 아이들과 함께하는 다짐이 있다.

'올해는 더욱 하나님께 가까이 가는 삶을 살자.'

이를 위해 가장 먼저 말씀을 가까이한다. 그것이 하나님께 가까이 가는 가장 빠른 길이다. 하나님께 가까이 가는 길에 대해 성경은 이렇게 말씀한다.

"태초에 말씀이 계시니라 이 말씀이 하나님과 함께 계셨으니 이 말씀은 곧 하나님이시라"(요한복음 1장 1절)

성경에는 하나님의 생각과 뜻이 들어 있기 때문에 말씀이 곧 하나님이다. 하나님께 가까이 가려면 하나님을 알아야 하는데, 하나님은 무엇을 좋아하고 싫어하시는지 말씀을 통해서 이미 다 알려 주셨다.

내가 아이들에게 유일하게 했던 잔소리는 바로 성경책을 늘 가까이 두고 읽으라는 것이다. 영혼의 양식을 매일 빠뜨리지 않고 읽으면 지혜가 생긴다. 더불어 집중력도 높아지고, 말씀을 되새기며 하나님의 뜻을 묵상하다 보면 생각이 깊어져 사고력도 길러진다.

말씀을 외우면 그것 자체가 재산이 된다. 어머니를 보며 가장 부러웠던 것은 성경을 첫 장부터 마지막장까지 거의 암송하신다는 사실이었다. 어려움에 부딪혔을 때, 실패했을 때 어머니는 마음을 치유하는 의사처럼 그때그때 말씀의 처방전을 내놓으셨다. 그 말씀을 듣고, 그리고 어머니의 권면대로 시편 23장을 100번 암송하면 언제 상처를 입었느냐는 듯이 새 사람이 되어 있었다. 말씀을 많이 외우고, 그때그때 떠올려 묵상하는 사람은 지혜롭지 않을 수 없다.

힘들고 지칠 때마다 "수고하고 무거운 짐 진 자들아 다 내게로 오라 내가 너희를 쉬게 하리라"(마가복음 11장 28절)라는 말씀만 기억하면, 아무리 힘들더라도 회복될 뿐 아니라 자유를 누리게 된다.

그다음에는 말씀대로 행해야 한다. 아무리 말씀을 많이 알아도 행함이 없으면 죽은 것이라 했다. 말씀을 알았으면 한 가지라도 삶 속에서 실천에 옮기도록 하는 훈련을 해야 한다. "안식일을 기억하여 거룩하게 지키라"(출애굽기 20장 8절)는 말씀을 배웠다면, 주일부터 거룩하게 지키는 훈련을 해야 하는 것이다. 말씀을 실천하려는 의지를 가지고 노력하면 하나님께서 순종할 수 있는 마음을 주신다.

언더우드 선교사님은 누가복음 6장 38절의 말씀처럼 주는 자에게 축복이 있다는 것을 깨닫고, 자신의 전 재산을 바쳐 연세대학교를 세웠다. 셰브런이란 석유회사를 일군 창업자는 성경에서 모세가 나일강에 버려지는 부분을 읽었다. 모세의 어머니는 모세를 갈대상자에 넣어 강에다 떠내려 보냈는데, 이때 물이 새지 않도록 갈대상자에 역청을 발랐다는 내용이었다. 역청이 있는 곳이라면 석유가 나올 것이라고 예상하고 나일강에서 유전 개발에 착수했는데, 그는 그것으로 큰 성공을 거두었다. 셰브런 석유회사는 그렇게 만들어졌다.

아이들에게 작은 것부터 삶 속에서 말씀을 적용하도록 가르치면 하나님의 진정한 자녀가 된다.

세상의 아름다움을 느낄 줄 아는 사람

세계 어디를 가도 자연만큼 아름다운 것은 없다. 이것은 하나님이 모두에게 공평하게 주신 것이다. 똑같이 주신 이유는 그만큼 중요하기 때문에 똑같이 누리고 살라고 주신 것이다.

자연의 풍경을 보면서 자란 것은 분명 행운이다. 어릴 적 내가 누린 것들 중에서 가장 풍성한 것은 자연이 주는 혜택이었다. 과수원을 하던 우리 집만큼 아름다운 집을 나는 보지 못했다. 계절에 따라 배꽃과 사과꽃, 복숭아꽃이 피던 과수원은 달콤한 꿀 냄새를 풍겼고, 봄만 되면 잉잉거리며 풍성한 만찬을 즐기는 벌 소리가 집 주변 골짜기까지 가득 채웠다.

눈을 감으면 늘 이 풍경이 아른거린다. 나의 천국은 바로 어릴 적

과수원이다. 미국에서 처음 집을 산 다음 가장 먼저 한 일은 단감나무와 대추나무 같은 과일 나무를 심는 일이었다. 가을이 되면 나무에 올라가서 과일을 따 먹고, 떨어진 낙엽을 쓸어 고구마를 구워 먹을 때 불쏘시개로 쓰려고 심은 것이다. 또한 산속에서나 나는 산초나무, 두릅도 구해다가 심었다.

마당에는 잔디도 심지만 군데군데 쑥이며, 돌나물도 심었다. 우리가 자주 놀러가는 산에는 귀한 두릅이 지천이라 한 가지 꺾어다 심었더니 제법 잘 자랐다.

우리 집 정원은 다른 집 정원들과는 달리 좀 특이했는데, 미국인들이 보면 잡초, 우리 아이들이 보면 동양의 약초, 내가 보면 반찬인 각종 나물들이 풍성하게 자라고 있었다. 봄만 되면 두릅에다 쑥국을 끓여 먹고 돌나물 샐러드를 먹는 호사를 누린다. 이국에서 먹는 한국식 반찬들은 나의 미각적 즐거움뿐 아니라 건강까지 챙겨 준다. 민들레와 질경이를 데쳐서 참기름을 넣고 조물조물 무쳐서 먹으면 얼마나 향긋한지 모른다.

"엄마 반찬이다."

아이들은 산이나 호수에 놀러가서 나물을 볼 때마다 이렇게 말하며 웃었다.

결혼한 뒤에 하루에 네 시간 이상 자 본 적이 없을 정도로 나는 눈코 뜰 새 없이 바빴지만, 아이들에게 자연이 주는 이 풍요로움을 보여 주고 싶어 매주 들로 산으로 강으로 바다로 호수로 데리고 다니는 걸 빠뜨리지 않았다. 집에서 한두 시간만 달리면 호수와 강과 바다에 닿았다. 특별히 먼 곳으로 여행을 가지 않아도 우리의 감성은 충분히 충전되었다. 자연의 소리를 듣고, 향기를 맡으며, 느낌을 받아들임으로써 충분히 행복해졌다.

자연을 바라볼 줄 아는 눈이 없다면 인생은 얼마나 삭막하겠는가! 그런 풍요로움을 보고 느끼고 자란 아이들은 정서가 안정되어 감정을 보다 깊게 느낄 수 있다. 게다가 자연은 얼마나 창의적인가! 단 한 번도 같은 모습을 보여 준 적이 없지 않는가.

자연에 안기면 우리는 특별한 체험도 할 수 있었다. 조지아 주 전체가 칡밭이라고 할 정도로 칡이 많은데, 지천에 널려 있는 칡잎을 뜯어다가 쌈 싸 먹기, 갯벌에서 닭고기를 미끼로 게 잡기, 굴 까먹기, 차가 지나갈 때마다 떨어진 알밤 줍기, 오리알 밟지 않고 다니기, 넓적넓적한 피마자 잎을 우산처럼 쓰고 다니기같이 재미있는 놀이를 했다. 놀이는 무궁무진하게 많았고, 그만큼 즐거운 추억도 쌓였다.

"엄마, 여기 오리가 있네. 그럼 물미나리도 있겠다."

아이들은 자연 속에서 노닐면서 눈썰미, 아니 관찰력이 좋아졌다. 오리가 많은 곳은 오리의 먹이인 수초가 많고, 수초 중에는 부드럽고 통통한 물미나리도 많았다. 오리가 먹고 싼 똥을 거름으로 삼기 때문이다.

이렇다 보니 아이들은 어릴 때부터 야외에서 노는 걸 좋아하고 컴퓨터 게임이나 핸드폰 게임에 빠지지 않았다. 어른이나 아이나 폐쇄

된 공간에 있는 것보다 자연 속에 있을 때 더욱 건강해지는 법이다.

나는 일주일에 한 번 아이들과 함께 여행하는 시간이 더없이 좋았다. 시골에서 자랐기 때문에 자연에서 온 음식들이 좋았고, 자연이 주는 휴식이 좋았다. 언제나 눈 코 뜰 새 없이 바쁘게 살던 나는 충전과 휴식의 시간이 필요했는데, 자연 속에서는 단 몇 시간만 있으면 일주일치 피로가 풀렸다.

이러한 짧은 여행 덕분에 아이들은 자연을 잘 알게 되었고, 사랑하게 되었으며, 찾게 되었다. 아이들은 쑥이며 갓, 구절초, 물미나리, 고사리, 참나물, 고들빼기, 씀바귀, 개망초까지 다 알았다. 내가 자연을 좋아하기 때문에 아이들을 자연으로 이끈 것인데, 교육적으로도 좋은 효과가 있었다. 어릴 적부터 자연을 가까이한 아이들은 폭력성이 줄어든다는 통계도 있었다.

미국 애들이 우리 집에 놀러 와서 마당에서 민들레나 쑥을 캐는 아이들에게 "너 뭐해?"라고 물으면, 아이들은 "약초 뽑고 있어"라고 대답했다. 우리가 잡초라고 여기는 것도 사실은 하나님이 만드신 것이니만큼 어딘가에 쓰임이 있는 약초다. 그런 지혜가 자라는 것도 자연이 준 은혜였다.

공부보다 중요한 빛과 소금의 역할

고등학교 시절, 우리 집 세 아이들은 꽤나 유명세를 탔다. 큰딸은 콜린즈힐고등학교(학생 수 4,000명)에 다녔고, 아들과 막내딸은 피치트리릿지고등학교(학생 수 3,200명)에 다녔는데, 두 학교 모두 작은 대학 규모는 될 정도로 큰 학교였다. 두 학교 모두 공립이지만 인근에서는 좋은 학교로 유명했다.

큰딸은 학교에서 모범생으로 유명했고, 전교 부회장을 할 만큼 리더십도 뛰어났다. 아들은 춤을 잘 추었을 뿐 아니라, 고교생 펜싱 챔피언이 될 정도로 운동도 잘했다. 게다가 잘생긴 얼굴에 매너남으로 통해 아이들 사이에서 인기가 높았다. 막내딸은 그야말로 모든 부모들의 선망의 대상이었다. 못하는 게 없는 만능이다 보니 아이들은 저마다 닮고 싶은 친구로 조이를 지목했다. 조이가 언니 그레이스가 하는 것을 무조건 따라 했던 것처럼, 친구들이나 후배들은 조이를 롤모델로 삼았다.

조이는 학교에서 가장 바쁜 학생이었다. 학생회장, 전교 1등, 배구부 주장, 오케스트라 바이올리니스트로 활동할 뿐 아니라 봉사 활동에도 적극적이었다. 또한 각종 대외상 및 국제상을 휩쓸어오는 바람에 다른 부모들의 부러움을 샀다. 선생님들도 피치트리릿지고등학교가 생긴 이래 조이 같은 학생은 지금껏 없었다고 입이 마르게 칭찬하는 덕분에 나도 기분이 좋았다.

'조이처럼 되고 싶어'라는 말은 스스로에게 도움이 되는 말이다. 근묵자흑이란 말도 있듯이 모범생과 어울리면 모범생이 되고, 불량 학생과 어울리면 불량 학생이 되기 쉽다. 친구를 닮는다는 통계가 이를 증명한다. 한 대학 연구팀이 고등학교 2학년(11학년) 학생 158명을 대상으로 친구 관계 및 성적의 상관관계를 추적해서 논문을 쓴 적이 있다. 연구진은 같은 반 학생들을 친한 친구, 그냥 친구, 아는 사이, 모르는 사이 네 가지로 구분해 달라고 요청한 뒤 1년 동안 이들을 관찰했다. 그 결과는 모두가 예상한 대로 공부 잘하는 친구와 친하게 지내는 학생은 공부를 잘하고, 못하는 학생과 친하게 지내는 학생은 성적이 썩 좋지 않았다. 심지어 한 사람의 식습관과 운동 습관 등 생활 습관도 같이 어울리는 친구의 영향을 받았다. 모든 성공 비결은 특별한 능력이 아니라 습관과 문화라는 말도 있다. '지금 어떤 생활을 하고 있느냐'에 따라서 달라진다는 말이다. 좋은 친구와 어울리며 좋은 행동을 하면 그 친구와 같이 된다는 말이다. 따라서 내비게이션을 보고 운전자가 차를 몰고 가는 것처럼, 누군가를 롤모델로 삼아서 따라가는 것, 혹은 따라가게 하는 것도 필요하다.

조이는 학교를 졸업하기 전에 많은 학생들에게 좋은 영향력을 끼치는 것 하나를 만들어 놓았다. 학교에서 성경 공부 소그룹을 만들어서 활동을 시작하자, 학생들은 조이가 만들었다는 이유로 하나둘씩 이 그룹에 가입하기 시작했다. 소그룹으로 시작된 모임이 점점 커지자 학교에서는 후원을 해 주기 시작했다. 학교에서 정식 동아리로 인정했을 뿐 아니라 성경 공부를 할 수 있게끔 외부 강사를 불러주었다. 나중에는 선택 과목으로 지정해 주기도 했다. 조이의 성적표를 보면 성경 공부가 과목으로 나와 있다. 피치트리릿지고등학교는 분명 공립학교로, 기독교 학교가 아니다. 그런데도 이런 일이 일어날 수 있었던 이유는 조이가 친구들에게 좋은 영향을 끼쳤기 때문이다. 한 사람의 좋은 영향은 이렇게 많은 것을 변화시킬 수 있다.

세상의 빛과 소금이 되는 사람으로 자란다면 얼마나 귀하고 값진 일이겠는가! 그렇게 되기 위해서는 선한 양심과 거짓 없는 믿음과 예수님의 사랑을 실천하면서 살아가도록 어릴 적부터 가르쳐야 한다. 공부를 잘하는 것보다 더 중요한 것은 삶 속에서 예수님을 드러내는 것이다. 예수님이 원하시는 삶을 사는 것, 그것이 삶의 목적이 되도록 한다면 누구나 선한 영향을 끼치는 사람이 될 수 있을 것이다.

그리 아니하실지라도 감사하며

한국과 마찬가지로 미국에서도 고등학교 3학년(12학년)은 일분일초가 아까운 시간이다. 그런데 막내딸은 고3 여름방학 때 니카라과로 선교를 가겠다고 했다. 졸업 시험이 몇 달 남지 않은 때이다 보니 허락하고 싶지 않았다.

"지금 네게는 한 시간 한 시간이 중요해. 고등학교를 졸업하고 대학에 가기 전에 시간이 나니까 그때 가는 게 어때?"

"엄마, 내 인생에서 가장 귀중한 시간을 하나님께 드리고 싶어요. 남아도는 시간을 드리고 싶지 않아요."

남아 있는 시간을 드리는 건 막내의 말대로 누구나 할 수 있는 일이다. 나는 더 이상 할 말이 없어서 허락하고 말았다. 딸의 믿음이 나보다 더 낫다는 사실에 감사함을 느끼면서 한편으로는 엄마로서 부끄럽기도 했다.

SAT 시험 준비, 내신 시험, 지원 학교에 맞는 서류 준비 등 해야 할 일이 많았지만, 막내는 두 달간의 훈련을 받고 니카라과로 15일간의 선교를 떠났다. 공부하느라 바빠서 이것저것 못하는 일이 많다는 건 핑계에 불과하다. 막내는 그렇게 갔다 왔는데도 피치트리릿지고등학교를 졸업할 때 3,200명 중에서 1등을 했다.

나는 그때만 해도 막내가 스탠퍼드대학교에 갈 것이라고 생각했다. 스탠퍼드와 하버드, 예일대학교에 원서를 넣었는데, 막내는 스탠퍼드대학교에 가장 가고 싶어 했다.

다들 막내는 무난히 스탠퍼드대학교에 합격할 것이라고 예상했다. 전교 수석에, SAT도 만점에 가까웠고, 베타클럽 회장으로 7년 동안 사회봉사를 했고, 세계과학경시대회에 미국 대표로 출전했으며, 배구팀 주장을 지냈고, 오케스트라 단원으로도 활동했다. 게다가 에세이 쓰기로 미국 전체에서 뛰어난 성적을 거둔 만큼 에세이 실력도 완벽했다. 13년 동안 개근상을 받을 정도로 성실했으며, 선생님들은 추천서를 통해 모범적인 학교생활과 인품에 대해서 칭찬을 아끼지 않았다.

그런데 가장 먼저 원서를 쓴 스탠퍼드대학교에서 불합격 통지를 받았다. 가장 가고 싶은 대학이었기 때문에 아이의 실망이 이만저만이 아니었다. 학교 선생님과 친구들도 이해할 수 없다며 다들 의아

해했다. 나는 어떻게 위로해야 할지 몰라서 기도만 했다.

'믿고 구한 것은 받을 줄로 알라 그리하면 그대로 되리라고 말씀하신 주님. 낙담하는 막내의 마음을 붙들어 주시고, 주님이 주시는 평안을 느끼게 해 주세요. 말씀대로 된다는 것을 믿습니다.'

이렇게 기도를 드리긴 했지만, 사실은 나도 낙담이 되어 입맛을 잃어 버렸다. 그런데 놀라운 일이 생겼다. 주일을 앞둔 토요일 아침부터 막내가 평소의 모습으로 돌아왔다.

"그리 아니하실지라도 주님 감사합니다. 주님 사랑합니다."

집 안 구석구석을 다니며 춤추며 찬양하고, 큰 소리로 감사 기도를 드렸다.

"주일예배 때 간증할 거니까 엄마도 들으세요."

나의 기도대로 주님이 막내딸에게 평안을 주신 것일까? 우리는 서로 끌어안은 채 주님을 찬양했다. 하나님께서 더 좋은 계획을 가지고 있으리라는 믿음을 막내딸은 버리지 않았던 것이다.

다음 날, 막내딸은 사람들 앞에서 간증을 했다.

"힘들고 어려울 때마다 저와 함께하신 주님, 지금까지 지켜 주시며 저의 삶을 통해 영광 받길 원하시는 주님, 어떤 상황에서라도 주님에게 영광드리며 감사하는 삶을 살겠습니다."

대학에 떨어졌다고 울어야 하는 아이가 거꾸로 주님께 열렬하게 감사를 드리다니! 사람들은 막내의 고백에 감동했다. 주님의 위로와 평강이 얼마나 큰지 막내딸을 통해서 다시금 알게 된 것이다.

그리고 24시간 뒤에, 우리는 주님의 응답을 받았다. 하버드대학교와 예일대학교 동시 합격! 실패를 통해 겸손함을 알게 하시고, 전폭적으로 주님을 신뢰하는 마음을 갖게 하신 다음 더 큰 은혜를 주신 것이다. 하버드대학교로 가기로 결정하고, 학교에 갔다 온 후에 막내가 말했다.

"엄마, 왜 하버드로 인도하셨는지 알 것 같아요. 항상 더 좋으신 것을 허락하시기 때문이에요."

그 뒤에도 연단의 순간은 있었지만 막내는 흔들리지 않았다. 학교에 4년 장학금을 신청했지만 보기 좋게 거절당했다. 워낙 훌륭한 학생이 많아서 못 받은 것이라고 생각하며, 다른 좋은 것을 주실 때까지 기다리자고 기도했다.

분명 거절당하는 순간은 누구나 아프다. 그러나 참고 기다리면 주님은 더 좋은 것을 주신다. 주님은 막내에게 10년 동안, 박사 학위를 받을 때까지 100만 달러를 지원하는 빌게이츠 장학금을 받게 하셨다. 빌게이츠재단에서 연락이 올 때까지 우리는 그것을 받게 되리라고 기대하지 않았다. 우리는 다만 가장 좋은 것으로 우리의 필요를 채우실 주님을 신뢰했을 뿐이었다.

"무엇이든지 기도하고 구하는 것은 받은 줄로 믿으라 그리하면 너희에게 그대로 되리라"

마가복음 11장 24절 말씀대로 받을 줄로 알고 주님을 신뢰함으로 기다리면, 하나님은 더 큰 것을 예비해 놓으신다.

저의 첫 1년은 하나님께 드리는 십일조예요

막내딸은 남들이 보기에 '엄친딸'이다. 초·중·고등학교에서 전교 1등을 놓치지 않았을 뿐 아니라 하버드대학교를 우등으로 졸업했다. 박사학위를 받을 때까지 100만 달러를 지원하는 장학금도 받았다. 막내딸이 받은 장학금을 한화로 환산하면 10억 원이 훨씬 넘는다. 과학 영재이기도 했고, 에세이 쓰기 미국 챔피언이기도 했다.

그런 막내딸이 한국에 온다고 했을 때, 막내딸을 아는 주변 사람들은 취직자리를 제안했다. 에세이 쓰기 같은 걸 가르치면 어떻겠냐는 것이다. 어떤 사람은 SAT 시험을, 어떤 사람은 현실적으로 미국 대학 컨설팅을 해 보라고 제안했다. 강남의 아파트에, 파격적인 월

급을 제안했다. 나는 그냥 가만히 웃고 말았다. 막내딸이 무엇을 하든 나는 지지할 것이지만, 과연 사람들이 말하는 일을 막내가 맡을까 하는 생각에서였다.

그러잖아도 막내는 한국에 오자마자 놀지 않고 일자리를 잡겠다고 했다. 며칠이 안 되어 막내는 기쁜 소식이 있다고 말했다.

"엄마, 한국에서 첫 직장을 구했어요."

"어디인데?"

그곳은 비영리단체로, 저소득층과 탈북자 학생들을 무료로 가르치는 곳이었다. 막내딸은 한국에 오자마자 이곳에 지원해서 인턴으로 봉사를 시작했다.

"그러면 보수는 얼마나 되니?"

첫 직장이라고 하니 나는 보수가 궁금했다. 물론 기대는 일절 하지 않았다.

"**만 원이요."

생글생글 웃는 딸에게 말은 못하고, 마음속으로만 그 정도 급료면 한 달 생활비로 부족할 텐데 하고 생각했다.

"너무 적지 않니?"

나도 모르게 실망스러운 기색을 비친 모양이었다.

"엄마, 돈이 인생의 전부는 아니잖아요."

돈을 많이 주는 곳에는 누구나 가고 싶어 하고 누구나 갈 수 있지만, 자신이 지원한 곳은 누구나 지원하지 않는다는 것이다.

“하나님께 제 시간의 십일조를 드리고 싶어요.”

대학 졸업 후 첫 1년은 하나님께 드리는 막내딸의 십일조였다. 막내딸은 탈북자 학생들에게 꿈을 줄 수 있어서 자신이 오히려 더 큰 기쁨을 느낀다고 말했다.

“제가 하버드대학교에 간 이유가 이들을 돕기 위해서가 아닌가 하는 생각이 들어요.”

막내딸은 이렇게 말할 정도로 봉사 활동에 푹 빠져 지냈다. 새터민 아이들은 막내딸을 롤모델로 삼고 자신들도 언젠가는 막내처럼 되고 싶다고 말했다고 한다. 절망에 빠진 사람들에게 희망을 발견하게 하는 것만큼 보람찬 일은 없을 것이다.

‘삶의 가치를 발견할 수 있는가?’ 어떤 일을 하든 나는 아이의 선택 기준이 ‘가치’이기를 바랐다. 그리고 그렇게 되었다. 나는 막내딸의 결정을 지켜보며, 그 선한 마음을 주신 하나님께 감사를 드렸다.

성공한 사람들을 보면 대부분 어마어마한 부자다. 그가 첨단 기술을 좇았든, 예술을 좇았든, 연구를 좇았든 그들은 열정을 다해 기쁨을 좇는 과정에서 부수적으로 돈과 명예를 얻은 것이다. 사업가가 아닌 이상 애초부터 돈을 좇은 사람들은 아니다.

그런데 부와 명성을 얻은 것만으로 그들이 행복해할지에 대해서는 잘 모르겠다. 일반 사람들보다 더 여유를 누릴 수 있다는 점에서는 그럴 수도 있겠다. 하지만 진정한 성공이란 자신의 가치를 최대한 활용하며 행복을 느끼며 사는 것 아닐까?

믿고 구하라, 그러면 주신다

어느 날 갑자기 아들이 대학에 가지 않겠다고 선언했다. 누나와 같은 보스턴대학의 국제정치외교학과를 지원해서 합격 통지를 받은 상태였다. 아들의 꿈은 세계를 누비는 외교관이 되는 것이었다. 나는 갑자기 돌변한 아들을 이해할 수 없었다.

한국의 대학도 학비가 비싸지만 미국의 대학은 한국보다도 더 비싸다. 특히 보스턴대학은 백인 학생들이 가장 가고 싶어 하는 대학으로 손꼽힌다고 하는데, 명문 사립학교인 만큼 학비가 천문학적이다. 아이들 셋이 열심히 공부한 이유 중의 하나는 엄마를 돕기 위해서였다.

"엄마 혼자 고생하는 게 가엾어서 장학금을 받았어요."

언젠가 막내딸이 한 말이지만, 사실은 아이들 셋 다 그런 마음으로 공부를 열심히 해서 모두 장학금을 받았다.

명문 대학에 들어간 아이들을 보면 대부분 비싼 사립 고등학교 출신이 많다. 하버드대학교 학부모 세미나에 참석하기 위해 막내딸의 기숙사에 갔더니 거의가 필립스 아카데미 출신이었다. 필립스 아카데미는 미국 최고의 사립 고등학교로, 학비가 대학 학비와 맞먹을 만큼 비싸다. 하버드대학교가 아니더라도 명문 대학의 입학생 절반 정도는 다 사립 고등학교 출신이다. 우리 아이들은 공립학교인 콜린즈힐고등학교와 애틀랜타의 복숭아 나뭇길에 있는 피치트리릿지고등학교를 나왔다.

아들은 우리 집이 경제적으로 여유가 있는 집이 아니다 보니 집안 경제가 걱정되었던 모양이다. 그 외에도 이런저런 이유가 있었겠지만 내색은 하지 않은 채 동네에 있는 커뮤니티 칼리지를 다니며 돈을 벌겠노라고 했다.

명문 대학에 가는 것이 꼭 성공하는 삶도 아니고, 삶에는 더 중요한 것이 분명히 있다. 또한 가정을 생각하는 아들의 마음이 십분 이해되지만, 이번 경우처럼 현실적인 문제 때문에 꿈을 포기하는 것은 용납되지 않았다. 그동안 고생한 이유도 아이들이 원하는 대학에 들어가 마음껏 공부하게 하고 싶은 마음에서였다. 대학에 가지 않는다고 해서 꿈을 펼치지 못하는 것은 아니겠지만, 아들의 꿈을 지원해주고 싶은 엄마의 깊은 마음을 몰라주는 것 같아서 속이 상했다.

우리는 서로 상처받은 채 말을 아꼈다. 대화가 안 되어 편지를 보냈지만, 오히려 아들에게 상처를 준 모양이었다. 속마음을 터놓지 않은 채 한 집에서 지내는 것은 무척이나 고통스러웠다. 모쪼록 지혜롭게 대화로 잘 풀 수 있게 해 달라고 기도하면서 하루하루를 보냈다.

몇 번이나 용기를 낸 끝에 아들과 마주 앉았다. 폭탄선언을 한 지 몇 주간의 시간이 흐른 뒤였다. 그동안 서로 고민해 온 것을 모두 다 털어놓으며 아들과 나는 서로 부둥켜안고 울었다. 둘 다 10년 동안 내색하지 않고 살았지만 누구보다 힘들었던 것이다.

나는 그동안 나만 힘들다고 생각했다. 그런데 아들이 "엄마, 우리도 정말 힘들었어요"라고 하는 말을 듣고 나는 아이들의 마음을 처음 깨달았다. 나는 아이들이 혹여 경제적으로든 정서적으로든 부족함을 느끼지 않을까 노심초사했고, 아들은 엄마가 혼자서 세 아이를 키우느라 뼈가 바스라지게 일하는 것을 지켜보며 함께 안타까워했던 것이다.

"환경은 극복해야 하는 거야. 어떤 고난이 우리에게 온다고 해도 하나님은 우리 편이시잖니."

나는 부모의 능력은 믿지 못하더라도 하나님의 능력을 믿으면 문제가 해결된다고 아들을 설득했다.

아들은 네 살 때 친척에게 20달러를 용돈으로 받고서는 절반은 저금하고 절반은 십일조로 드렸던 적이 있다.

"엄마, 하나님께는 많이 드리는 것이 좋은 거예요."

그 말을 할 때 아들의 똘망똘망한 눈동자를 나는 기억하고 있다. "적게 심은 자는 적게 거두고 많이 심은 자는 많이 거둔다"고 하는 성경의 고린도후서 9장 6절 말씀을 믿고 의지한다면, 앞으로 어떤 일이 생긴다고 하더라도 위기를 이기며 살아온 것처럼 앞으로도 담대하게 살아갈 수 있을 터였다. 미리 걱정하고 염려하는 것은 삶의 의지만 꺾게 할 뿐이다. 주님은 상한 갈대조차도 꺾지 않으시는 분인데 말이다.

아들과 나는 서로 속마음을 다 털어놓음으로써 다시 주님을 신뢰하고 주님 안에서 자유하게 되었다. 아들은 다시 보스턴대학으로 가겠다고 했다. 하나님은 자신에게 많은 것을 드리던 아들, 자신을 의지하는 아들을 위해 깜짝 선물을 주셨다. 바로 4년 전액 장학금이었다.

제50대 미국 대통령은 바로 너야!

버락 오바마가 미국 대통령이 될 것이라고 믿었지만, 진짜로 되고 나니 놀라웠다. 게다가 연임까지 하자 나는 더욱 놀라움을 금치 못했다. 미국 역사상 연임한 대통령은 그리 많지 않은데, 연임한 대통령들은 어떻게 보면 대통령 중의 대통령이다. 물론 간혹 예외가 있긴 하지만 말이다.

흔히들 미국이란 사회를 인종과 문화의 용광로라고 부른다. 오바마 대통령의 당선이 나로서는 너무나 감사했다. 다른 인종과 문화를 가진 사람에게 하나의 커다란 희망이 될 것이기 때문이다.

나는 오바마가 처음 대통령에 당선되었을 때 아들에게 이러한 문자를 보냈다.

"오바마 대통령의 당선을 축하하며 너에게 미리 축하를 보낸다. 24년 후 제50대 미국 대통령은 바로 너야."

아들은 나의 농담을 유쾌하게 받아들였다. 당시 IIPP 펠로우십 외교관 프로그램에 선정된 아들은 백악관의 초청을 받아 대통령 취임식을 현장에서 지켜보고 있었다. 그런데 나는 농담으로 한 말이 아니었다. 그럴 수도 있다는 걸 알려 줌으로써 자신감을 가지고 자신의 꿈을 키워 가라는 격려였다. 비록 나의 어머니가 나를 두고 열방의 어머니가 되게 해 달라고 기도한 것이나, 한 살짜리 손주를 두고 하버드대학교에 4년 전액 장학생으로 가게 해 달라고 한 기도보다는 훨씬 미약하지만! 믿는 자에게는 능치 못할 일이 없다는 것은 역사가 증명하지 않았는가. 사실 아들이 이 자리에 오기까지는 딸들보다 더욱 험난하고 힘이 들었다. 그래도 나는 결코 포기하지 않았다.

아들의 꿈은 대학교 때 외교관으로 굳어졌다. 그 전까지는 자신도 자신의 꿈이 무엇인지 몰랐다. 춤을 잘 추는 사람, 혹은 좋은 영향을 미치고 하나님을 사랑하는 사람이 되겠다는 보다 포괄적인 내용이었다.

구체적인 꿈을 정하자 아들은 서서히 변하기 시작했다. 고등학교 때 이미 전국 고교생 리더십 컨퍼런스에 뽑혀 상원의원 및 하원의원들과 함께 세미나를 하고 리더십 훈련을 받은 적이 있는데, 이런 과정에서 자신감을 회복했음은 물론이다.

고등학교를 졸업하고 대학에 입학하기 전, 아들과 함께 한국으로 여행을 왔다. 마침 내가 애틀랜타 방송국에서 근무할 당시 연을 맺었던 한 대형 기획사 담당자의 초청을 받았다. 나는 춤을 좋아하는 아들에게도 좋은 경험이 될 것 같아 함께 기획사를 방문했다. 담당자는 훤칠하게 잘생긴 아들이 끼가 많다는 이야기를 듣고는, 오디션을 제안했다. 나도 아들이 춤을 워낙 좋아하는 것을 알기에, 실력과 열정을 객관적으로 평가받는 것도 좋겠다는 생각에 아들에게 오디션을 권했다.

"네 인생인데, 네 마음대로 끼를 한번 발휘해 봐."

그런데 기가 막히게도 오디션에 덜컥 합격하고 말았다. 당황스러웠지만 오디션을 보라고 부추긴 마당에 연예인이 되지 말라고 할 수는 없지 않은가. 나는 다만 묵묵히 하나님이 계획하신 길로 아들을 인도해 달라고 기도했다.

아들로서는 그 제의가 솔깃했을 것이다. 나는 아들이 마이클 잭슨을 흉내 내는 정도라고 생각했는데 그 이상이었던 모양이다. 아들이 세상에서 두 번째로 좋아하는 것이 춤으로, 밤새도록 춤을 추어도 지치지 않았다. 어떤 선택을 하든 나는 존중할 수밖에 없었는데, 아들은 춤을 추는 아이돌보다는 외교관의 길을 선택했다. 세상에서 첫 번째로 좋아하는 하나님이 '넌 내가 이미 예비해 놓은 길이 있어'라고 발걸음을 돌리게 하신 것 같다.

그렇게 마음을 정하고는 누나와 같은 보스턴대학 국제정치외교학과에 입학한 뒤로 정치가들을 보고, 정치 무대에서 훈련 받는 기회에 적극적으로 도전하는 모습을 보였다. 대학 2학년 때 아들은 IIPP 펠로우십, 즉 미국의 수백만 명의 대학생들 가운데 소수 인원만을 선발해 미국 교육부에서 6년간 10만 달러의 지원금을 제공하며 외교관 수업을 받게 하는 특별 프로그램에 지원했다. 미국 전역에서 30명 남짓의 소수 정원이 선발되는 만큼 꽤 어려운 도전이었다. 하지만 실패를 두려워하지 않고 외교관이 되기 위한 구체적인 방법을 찾아 도전하는 모습만으로도 나는 아들이 기특했다. 그런데 그 많은 경쟁자들을 뚫고 32명의 학생에 아들이 선정되었다는 소식을 받았다. 32명 중 유일한 동양인이자, 한국계로는 처음으로 선정되어 더 큰 의의가 있었다.

이후 이 프로그램의 지원을 통해 전 세계를 더욱 활발히 다니면서 아들은 나날이 눈에 띄게 성숙해져 갔다. 어렵지만 어떤 기회든 도전하라고 하는 것은 이런 이유 때문이다. 분명 고생한 만큼 대가가 따른다.

IIPP 펠로우십 외교관 프로그램을 진행하면서 아들은 한국의 서강대학교로 교환학생을 신청하여 왔다. 다른 여러 나라에 갈 기회가 있었지만, 한국에서 대학 생활을 하고 재미교포로서 한국인의 뿌리를 찾고 문화를 직접 삶으로 배우고 싶다는 의지를 보인 것이다.

이후 다시 미국으로 돌아가 대학을 졸업했다. 그토록 사랑하던 펜싱을 그만둔 것은 대학을 졸업한 이후다. 두 마리 토끼를 좇는 것이 현실적으로 어렵다는 것을 깨달은 것이었다. 펜싱 국가대표로 올림픽에 나갈 것을 목표로 훈련하고 있었고, 학교 대표팀 주장으로 출전한 경기에서 전미 대학생 펜싱 챔피언이 됨으로써 그 꿈에 한 발짝 다가가 있을 때였다. 코치는 펜싱으로 올림픽 메달을 딸 수 있을 것이라며 격려했지만, 외교관 훈련과 도저히 병행하지 못할 것 같은 시기가 오자 아들은 과감하게 펜싱을 접었다.

그리고 이번에는 이스라엘과 팔레스타인 접경 지역에 있는 난민 센터에서 일했다. 그 이후에는 터키의 한 대학에 영어 교수로 가겠다고 했다.

난민 센터에서의 일이 끝나고 터키로 떠나기 전까지 몇 달간의 여유가 생겼다. 아들은 이번에도 한국으로 마음을 향했다. 어렵게 한국 국회의 문을 두드렸고, 국회에서 인턴으로 일했다. 국회는 실전에 대비해 감각을 익히기에는 더없이 좋은 곳이었다. 아들은 공문서나 이메일을 영어는 한국어로, 한국어는 영어로 번역하는 업무를 맡았다. 크고 작은 일을 가리지 않고 열심히 했다. 설마 그런 일까지 하나 싶은 일들도 하고는 했는데, 상대가 맡기기 꺼려할까 봐 적극적으로 먼저 나서서 했기 때문이다. 외교 용어와 예의, 혹은 관행, 언행들은 영어만 한다고 익혀지는 것은 아니며, 다양한 실전을 통해 다듬어져야 한다. 따라서 배우는 자세로 무엇이든 열심히 하는 게 가장 최선이다.

아들은 국회에서 인턴을 하며 한국에 머무는 동안 시간을 최대한으로 활용하고 싶다며 KBS 한국방송 국제협력실에서 3개월가량 인턴으로 일하기도 했다. 마침 그 기간은 전 세계 30여 개국 공영방송사의 제작진이 모이는 '세계 공영TV 총회'가 열리던 때라, 아들은 통번역과 행사 준비, 해외 관계자 수행 등 꼭 필요한 일꾼으로서 임했다.

국회와 KBS에서의 인턴 과정을 마치고는 예정대로 터키 대학에서 영어를 가르쳤다. 그렇게 아들은 동북아 정치부터 중동 정치까지 차근차근 외교관으로서의 자질을 익혀 갔다. 그리고 하버드대학교 대학원에 입학했다. 하버드에 도전한 지 세 번째 만이었다.

무엇을 하든 예측 가능한 딸들에 비해서 아들은 늘 예측이 불가능한 도전을 했다. 그렇기 때문에 지금까지 이룬 아들의 성과가 더욱 대단해 보인다. 아들은 지금 외교관 훈련 과정의 어느 지점에 와 있을 것이다.

그런 아들이 얼마 전 결혼을 했다.

아들의 이상형은 꼬마 때부터 나였다. 다섯 살 때 "나는 엄마 같은 사람이랑 결혼할 거예요!"라고 해서 나를 깜짝 놀라게 했다.

"그래. 엄마가 앞으로 더 잘해야겠구나. 엄마의 어떤 점이 좋은데?"

"엄마는 기도하는 사람이잖아요. 엄마처럼 기도하고, 예수님 잘 믿는 여자, 지혜로운 여자, 한국 여자, 한국어를 잘하는 여자, 얼굴도 예쁘고 마음씨도 고운 여자랑 결혼할 거예요."

아들은 자신의 아내가 될 조건에 대해서 그 뒤에도 여러 번 말했다. 그때마다 그 순서가 바뀌지 않는 것이 신기했다. 어린아이에게도 결혼에 대한 신념이 있었던 것일까?

"나는 네가 말한 여자라면 언제든지 오케이다. 하나만 더 보탠다면, 사위를 위해 기도하는 장모님이 있었으면 좋겠다."

스물다섯 살이 된 아들의 결혼, 이른 결혼으로 미국이란 사회에서 일찍부터 울타리를 가지고 살 수 있어서 좋은 면도 있지만 걱정도 앞섰다.

"엄마, 이 친구의 어머니는 저를 위해서도 기도해 주시는 분이세요."

내게는 내심 아들의 아내가 될 여자를 위해서 20년을 기도해 왔다는 자부심이 있었다. 그런데 이어진 아들의 한마디는 나의 자부심이 얼마나 작은 것이었는지 깨닫게 해 주었다.

"이 친구 어머니는요, 딸이 태어나는 순간부터 남편될 사람을 위해서 기도하셨대요. 그것도 부모님 두 분이 함께요."

나는 그야말로 환성을 질렀다. 나의 기도는 또 이렇게 응답받은 것이다.

둘은 터키에서 성지순례를 하다 만난 사이다. 아들은 장차 아내가 될 사람의 부모님까지 그곳에서 만난 것이다. 아버지까지 40년을 하루 같이 새벽기도에 빠지지 않은 분이라는 사실을 알고 존경하는 마음이 절로 우러났다고 했다.

양가는 결혼을 위해 최소한의 비용만 썼다. 혼수니 예단이니 하는 것도 다 생략했다. 그런데 후에 보니 친정 부모님이 섬기고 있는 교회와 터키에 아이들 이름으로 건축헌금을 하셨다. 결혼을 위해 그런 준비를 해 오신 것이었다. 아이들 이름으로 그랜드피아노도 기증하셨다. 먼저 말씀하지 않고, 저절로 알게 될 때까지 알리지 않은 그분들의 인품에 나는 또 한 번 감동했다. 결혼이란 것은 이렇게 하는 것이구나 하는 걸 나는 배웠다.

부모가 자녀를 위해서 해 줄 수 있는 가장 좋은 일은 현재가 아니라 미래를 준비하는 것이다. 이제 아들은 양가 부모의 기도를 등에 업고 미래를 준비해 가고 있다.

이후 아들은 하버드대학원을 졸업하고 매사추세츠 주지사 선거캠프에서 일하게 되었다. 시의원 선거캠프와 시장 선거캠프에서 일했던 경험을 살려 이번에는 총선 격인 주지사 선거캠프에서 활동하는

아들의 결혼식에서, 아들과 며느리 그리고 두 딸들과 함께

것이다. 이러한 다양한 현장 경험은 아들이 워싱턴으로 가는 여정에 하나의 징검돌이 될 것이다.

아들이 지금과 같은 모습으로 착실히 노력한다면 40대가 될 2030년대쯤 되면 세상이 지금과 달라져 있을 것이다. 그 사이에 미국은 흑인 대통령에 이어 여성 대통령도 나올 것이다. 히스패닉계에서도 대통령이 나올지 모른다. 그러면 소수의 유색인종에게도 좁은 문이 열리는 것이다.

현재 미국에서 가장 많이 쓰는 말은 영어다. 백인들과 흑인들은 대부분 영어를 쓴다. 그 다음 언어는 스페인어다. 남미에서 온 사람들이 많아서다. 동양인 중에서는 중국 사람이 많고, 그 다음은 베트남 등 동남아 사람들이다. 한국 사람은 수적으로 따지면 그야말로 미미하다. 그렇다고 해서 가능성이 없지는 않을 것이다.

"주님만 허락하시면 돼!"

내가 아들에게 심어 주는 비전의 핵심은 바로 이것이다. 주님의 사람으로 살면서 최대한 노력하는 것이다.

다른 사람이 할 수 있으면 너도 할 수 있어!

누구의 인생에 있어서건 인내라는 덕목은 필요하다. 더불어 도전이란 덕목도 필요하다. 그리고 이 두 가지 덕목은 서로 떼려야 뗄 수 없다.

큰딸은 보스턴대학 국제정치외교학과에 4년 전액 장학생으로 입학했다. 그리고 대학교 2학년 때 백악관에 인턴십을 신청했다. 딸의 최종 목표는 국무성 혹은 백악관에서 근무하는 것이었다. 미국을 움직이는 가장 중심이 그곳이기 때문이다. 백악관 인턴십을 신청함으로써 자신의 꿈을 향해 가는 첫 여정이 시작된 것이다.

그러나 전국에서 큰딸과 같은 야심만만한 청년 수천 명이 인턴십에 지원했다. 큰딸은 어마어마한 경쟁률을 뚫을 자신이 없는지 한동안 의기소침해져 있었다. 그건 누구나 겪는 딜레마다. 서로 다른 방식으로 경쟁해 온 젊은이들이 이제 한자리에 모여서 같은 방식으로 경쟁에 임해야 한다는 전주곡이다. 각자 최고라고 여기고 살았는데, 그 최고들이 사실은 너무 많았다. 그만큼 세상은 넓었고 경쟁은 좁은 문으로 집중된다.

딸을 격려하는 것 말고 달리 해 줄 것이 뭐가 있겠는가. 분명한 사실은 좁은 문에 대해서 지레 겁을 먹을 필요는 없다는 것이다.

"다른 사람이 하면 너도 할 수 있어. 일단 도전해 봐. 도전도 하지 않고 포기할 수는 없잖아."

사실 큰딸은 애틀랜타에 있는 작은 개인 변호사 사무실에 인턴 신청을 했다가 거절을 당해서 의기소침해 있던 시기였다. 그런 딸을 격려해서 백악관에 인턴 신청서를 넣게 한 뒤부터 우리에게 인내의 시간이 시작되었다. 최고가 될 수는 없을지라도 최선을 다하다 보면 기회가 생길 것이라 믿었다.

"엄마, 엄마의 말대로 되었어요."

하루하루 기도하던 차에 연락이 왔다. 이로써 큰딸은 대통령과 장관들이 일하는 곳에서 일할 수 있는 기회를 얻었다. 작은 개인 변호사 사무실에서는 거절을 당했지만 백악관에서는 인턴을 하게 된 것이다.

큰딸은 자신에게 주어진 기회를 훌륭하게 활용했다. 미국 정부의 장학금을 받고 스페인에서 유학했다. 그리고 졸업반이 되어 매사추세츠의 패트릭 주지사 밑에서 다시 1년간 인턴십을 했다. 패트릭 주지사는 미국의 첫 흑인 주지사이자, 오바마 대통령의 절친한 친구로 유명하다. 덕분에 큰딸은 오바마 대통령의 선거캠프에서도 일할 수 있었다.

대학 생활 동안 엄청난 추진력으로 경력을 쌓은 덕분에 큰딸은 졸업 후 로펌 회사에 취직했다. 10대 로펌에 드는 회사로 미국 내 승소율 1위인 회사였다. 2년간 잘 다니더니, 이번에는 대학원에 가겠다고 선언했다. 그러고는 보스턴에 있는 프레처 법학·외교대학원에 전액 장학금을 받고 입학했다. 프레처스쿨은 외교관 지망생들이 몰리는 곳이라 그만큼 경쟁이 쉽지 않았다. 큰딸은 프레처스쿨을 다니면서 하버드 법대에서 국제법을 공부하기도 했다.

큰딸이 지원한 곳은 모두 좁은 문이었다. 쉽게 들어갈 수 없는 곳이지만 문이 좁다고 해서 들어가지 못한 곳은 없었다. 구하며 기다리면 어떤 식으로든 기회는 주어지기 마련이다.

'누가 나를 뽑아 줄 것인가?'

좁은 문 앞에 서면 다들 이런 걱정을 한다. 활달한 큰딸도 대학원을 졸업한 후 1년간은 침울했다. 서류 전형에서는 다 붙었지만 3차 면접에서 떨어진 것만 10여 차례였기 때문이다. 두드렸지만 이상하게 쉽게 문이 열리지 않았던 것이다. 문이 열리기 직전에 닫혔다는 건 안타까운 상황만은 아니다. 객관적으로 말하면, 합격한 사람이랑 오십보백보로 큰 차이가 없다는 말이다. 그래서 크게 좌절하지 않아도 되지만, 막상 그런 상황에 닥치면 아쉬운 마음에 더욱 좌절하게 된다. 물론 그 시간 동안 다양한 경험을 하게 된 것이 나중에 큰 도움이 되었다. 국회의사당에서 인턴십을 하고, 한미 청년 전문인 모임(Council of Korean Americans: CKA)과 아시안 정치인 모임(Conference on Asian Pacific American Leadership: CAPAL) 등을 통해 큰 인맥을 만들게 되었다.

"네가 가고 싶은 최종 목표를 생각해."

나는 큰딸이 다급한 마음에 여기저기에 서류를 넣게 될까 봐 조언해 주었다. 그리고 여유를 가지라고 어깨를 두드려 주었다. 어느 곳에서든 열심히 일하겠지만, 진심으로 가고 싶어 하는 곳이라면 더욱 열심히 일할 것이다. 경우에 따라서 백 퍼센트 이상의 능력을 발휘할 수도 있다. 때에 따라서 자리가 사람을 만들기도 하는 것이다.

좁은 문을 열려고 할 때 잊지 말아야 할 덕목은, 가장 중요한 것, 가장 좋은 것을 향한 집념과, 그 집념을 지지해 줄 여유다. 그러나 일이 잘 안 풀릴 때는 누구나 조급해진다.

"넌 반드시 국무성에 갈 거야." "넌 반드시 오바마 대통령 밑에서 일하게 될 거야." "넌 미국에서 훌륭하게 쓰임받을 거야."

나는 큰딸이 초조해할 때마다 이렇게 말해 주었다. 말에는 선언적 기능이 있기 때문이다. 내가 어릴 때 "세계 일주를 할 거야"라고 했던 것처럼, 이렇게 말하면 꼭 이루어진다고 믿었다. 하나님께 구하면, 하나님이 그렇게 만들어 주시기 때문이다.

"엄마, 이번에도 또 엄마 말대로 되었어요."

"축하한다, 그레이스. 네가 누구의 딸인데…."

미국 국무성의 문이 열리던 날, 큰딸은 울먹였다. 애초에 가려고 했던 좁디좁은 문은 그렇게 대학에 입학한 지 9년 만에 열렸다. 백악관 인턴십, 패트릭 주지사 인턴십 등이 좋은 결과를 내는 데 도움을 주었음은 물론이다. 딸은 아직 말단이긴 하지만 현재 국무성의 주요 부서에서 일하고 있다.

인생에서는 때로 추진력도 필요하지만, 노력하면서 기다리는 자세도 필요하다. 때로 저돌적인 용기도 필요하지만, 바위를 녹이는 인내도 필요하다. 양쪽 극단에 있는 두 가지 요소가 다 조화를 이루어야 하는 것이다. 무엇보다 일이 마음먹은 대로 제대로 풀리지 않을 때는 간절히 기도해야 할 때다.

기도하며 문이 열릴 때까지 기다린다는 것은 피가 마르는 고통의 시간이다. 그러나 어쩔 것인가? 그런 과정을 통해서 담금질되고 성장하는 것인데! 실패 없는 인생은 없다. 그레이스 또한 그동안 쓴 무수한 지원서에 응답을 받지 못했다. 그러나 계속해서 실패를 두려워하지 않고 두드리는 자에게 문은 열린다.

Part 5

인종을 넘어 글로벌 마인드로 자녀 키우기

세상에서 가장 행복한 사람은 누구일까?

나눌 줄 아는 사람이다.

나눌 줄 아는 사람은 많은 사람에게 선한 영향력을 끼친다.

나는 우리 아이들이 사회에서 필요로 하는 사람,

선한 영향력을 끼치는 사람이 되기를 바랐다.

부모가 세계를 품을 때 자녀도 세계를 품게 된다.

봉사란 자신의 가치를 업그레이드하는 것

인간은 인간 속에서 협력할 때 비로소 자신의 존재 의미를 찾고, 행복을 찾는다. 어릴 때부터 봉사 활동 프로그램을 적극 찾아서 세상을 경험하게 이끈 것도 이 때문이었다.

세 아이 모두 중학교 때부터 본격적으로 봉사에 나서게 한 덕분인지, 대학에 가서부터는 자기 스스로 어디서 어떤 봉사 활동을 할 것인지 찾아서 나에게 조언을 구하곤 했다. 막내가 베타클럽에 가입하겠다고 했을 때, 나는 'Yes'라고 대답했다. 미국에서 가장 인정받는 봉사단체기 때문이다.

나는 미국의 교육 시스템 중에서 가장 좋은 것이 차별 없는 교육을 추구하는 것이라고 생각한다. 힐러리 클린턴은 아이들은 집이라는 울타리 바깥에서 자란다고 말했다. 그렇기 때문에 사회라는 보다 넓은 울타리가 이기적이지 않고 평화로워야 할 것이다.

글로벌 리더로서의 최고의 자질은 바로 봉사다. 미국의 경우 남을 위해 봉사할 줄 아는 사람을 가장 인정해 준다. 만약 실력이 대등하게 뛰어난 몇 사람 중에서 누군가를 뽑아야 한다면, 사회를 위해서 봉사하는 사람을 뽑는다. 사회에 기여하는 그들의 수고를 인정하는 것이다. 힐러리도 학창 시절부터 흑인 여자들과 학생들을 위해서 봉사했다. 제임스 레이니 주한 미국대사는 평화봉사단원이었고, 이를 계기로 우리나라에 와서 봉사하다 나중에 주한 미국대사로 오게 된 것이다.

사람들은 힐러리가 우아하다고 생각하지만 사실은 누구보다 치열하게 소외된 자를 위해서 싸운 전투적인 인물이다. 힐러리의 약력은 클린턴의 아내이자 국무장관이 아니라 대학 때부터 소외된 여자와 아동을 위해 법을 만들면서 싸워 온 역사다. 재미있게도 이러한 교육의 균등화 정책은 빌 클린턴 대통령의 재임 시절에 만들어졌다. 사회를 위해서 얼마나 봉사하는지를 따지게 되었고, 약자에 대한 배려도 강화되었다.

미국에서는 사회에 기여했다는 것이 하나의 '스펙'으로 인정받다 보니, 봉사할 수 있는 좋은 기회를 다양하게 마련하고 있고, 이런 자리를 두고 경쟁이 일어나기도 한다. 그것 때문에 좋은 대학에 갈 수도 있으니, 어떤 자리는 몇 십 명 뽑는 곳에 몇 천 명이 지원하기도

한다. 그러나 그런 식의 경쟁이 점수를 향한 경쟁보다는 훨씬 가치 있지 않은가? 미국 사회의 지도자가 될 아이들이 봉사를 두고 경쟁한다는 건 미래가 지금보다 덜 이기적이라는 신호가 아닐까.

세 아이 모두 봉사 활동에 열심이었지만, 막내딸이 특히 도드라진 활동을 했다. 중학교 때부터 라틴아메리카 아이들을 위한 봉사 활동을 했으며, 대학을 졸업한 후에도 봉사를 멈추지 않고, 애틀랜타 난민 빌리지 캠프에서 디렉터로 활동했다. 난민 빌리지에는 전 세계에서 온 난민들이 있다. 네팔, 베트남, 부탄, 라오스, 미얀마 등의 동남아는 물론 가이아나나 콩고 등의 아프리카 사람들도 많았다.

막내딸은 지금도 이들과 주기적으로 연락을 주고받는다. 난민 아이들에게 막내는 롤모델이었다. 그들의 눈에는 백인에 부잣집 출신도 아닌 막내가 오로지 자신의 노력으로 성공한 인물로 보였기 때문이다. 아이들은 막내를 보면서 '하면 된다'는 희망을 가졌음은 물론이다. 난민 중에 빌게이츠 장학금을 받고 대학에 가는 아이가 나오기도 했는데, 막내는 한걸음에 달려가서 축하해 주었다. 그 아이가 막내의 영향을 받았다고 해서 큰 감동을 받았다.

초등학생, 중학생 때 돈 한 푼 없이, 아빠도 없이 남겨졌던 세 아이들이 이제는 세상을 향해 꿈을 펼치면서 당당하게 나아가고 있다. 요즘도 세계 각지에서 바삐 지내다가도 우리는 방학이나 휴가 때면 함께 모여 봉사를 다닌다. 한 해는 중국, 한 해는 말레이시아, 한 해는 몽골, 한 해는 카리브해, 한 해는 터기 등으로 전 세계를 돌면서 선교도 하고 봉사도 한다. 온 가족이 한자리에 모여 세계를 품는 그 시간은 그 어느 때보다 즐거운 쉼이자 여행이 되기도 한다.

'역경을 딛고 사는 삶이 가치 있다.' '나누는 삶이 가치 있다.'

아이들은 봉사를 통해서 이러한 가치를 깨달았다. 이런 건강한 교육은 나중에도 아이들을 건강한 삶으로 이끌 것이다.

아이들은, 특히 막내딸은 자신이 혜택을 받은 만큼 사회에 돌려주어야 한다고 생각한다. 나도 그 생각에 동의하며 작은 실천을 하고 있다. 아이들이 졸업한 고등학교에 장학금을 주는 등 우리가 받은 은혜를 지속적으로 돌려주는 것이다. 빌게이츠와 내가 줄 수 있는 액수는 다르겠지만 마음은 같을 수도 있겠다.

예의 바른 사람은 어디서든 존중받는다

공자는 예의를 모르면 사람이 아니라고 했다. 한국 가정교육의 첫 번째는 예의 바른 사람으로 자라게 하는 것이다. 나는 한국식 예절 교육이야말로 아이들에게 필요한 것이라고 생각했다. 아주 어릴 때부터 어른들이 숟가락을 들기 전에는 숟가락을 들지 않게 하거나, 밥을 먹고 나면 잘 먹었다고 인사를 하거나, 어른이 아무리 작은 것이라도 주시면 두 손으로 공손히 받고 반드시 '감사합니다'라고 말하는 등 어릴 때 내가 받은 교육을 그대로 아이들에게 전수했다. 또한 어른에게는 항상 존댓말을 쓰고, 존경하는 태도를 보이도록 했다. 평소에도 거친 말을 쓰지 않게끔 했는데, 말이 행동을 통제하기 때문이다. 평소에 거친 말을 쓰다 보면 자신도 모르는 새 거친 행동이 나오기 마련이다. 다행스럽게 집안에 유교적 뿌리가 꼿꼿한 외할머니가 계셨기 때문에 한국식 예절이 더욱 아이들의 몸에 배게 되었다.

방학 때 아이들이 한국을 방문할 때면 한국의 집에서 예절 교육 등을 받게 했다. 한국의 전통 예절을 체험하는 기회를 적극 활용해, 방학만 되면 한복을 입고 입소해서 예절을 몸에 익히게 한 것이다.

예절이 바른 사람을 대면하면 깊은 인상을 남긴다. 아이들이 학교 생활을 잘한 이유 중에 하나는 선생님으로부터 칭찬을 받아서다. 선생님들은 세 아이 모두 예절 바르다고 늘 칭찬했다. 미국의 교실에서도 제멋대로 행동하는 건 용납되지 않는다. 제멋대로 행동하는 것처럼 보이는 것은 예의 바른 학생들이 적기 때문이다. 미국 사람들도 예의 바른 것을 좋아하며, 그런 사람은 더욱 존중받는다.

미국에서도 예절 교육을 시키지 않는 것은 아니다. 오히려 상류층일수록 예절 교육에 더욱 신경을 쓴다. 예절이란 것은 나라와 인종을 불문하고 전 세계적으로 통한다. 예절의 바탕에는 인간에 대한 배려가 깔려 있기 때문이다. 예의를 갖추어서 국제 무대에 나간다면 더욱 인정받게 될 것이다.

예의 바른 아이들은 선생님뿐 아니라 친구들에게도 인기가 많다. 특히 아들은 몸에 배려가 배어 있어서 여자 아이들에게 인기가 많았다. 상대를 배려하는 행동들, 예컨대 함께 길을 갈 때면 무의식적으로 에스코트하는 등의 행동들로 '매너 좋은 남자'로 인정받았다. 큰

아이도 몸에 배인 예절이 직장 생활을 하면서 사람들에게 좋은 인상을 준다고 말한다. 자신도 모르게 한 행동을 동료들이 칭찬해 주는 경우가 있었던 모양이다.

예의 바른 사람은 멀리서도 금방 알아볼 수 있다. 예의란 넓게 보면 사람을 배려하는 행동 그 자체기 때문이다. 문을 밀고 들어갈 때 뒤에 들어오는 사람을 배려해 잠깐 잡고 서 있는 등의 행동들은 그 사람 전체를 평가하는 데 좋은 인상을 준다. 1~2초 밖에 안 되는 그 짧은 시간에 보이는 사소한 행동 하나하나에서 상대에 대한 배려가 드러난다.

예의 바른 사람, 배려하는 마음을 가진 사람이 리더가 되는 것도 사실이다. 리더가 갖추어야 하는 품성에는 이런 예의도 포함되어 있기 때문이다. 단체 생활을 잘 해내고, 단체를 이끌어가는 사람들은 이런 품성이 몸에 밴 사람들이 대부분이다.

막내딸이 고교 배구단에 뽑힌 이유도, 처음에는 배구 실력 때문이 아니라 체육관에서 보인 막내의 행동 때문이다. 10대 1의 경쟁률을 뚫고 들어가야 하기 때문에 막내딸은 '과연 들어갈 수 있을까?' 하고 자신 없어 했던 것이 사실이다. 최선을 다해 서브와 스파이크 등을 연습해서 시험을 치르러 갔다. 시험 당일, 쉬는 시간에 체육관에 있던 아이들이 물을 마시려고 줄을 설 때 먼저 양보하고, 아이들이 물을 다 마신 뒤에는 그 뒷정리를 했던 모양이다. 선생님들이 이런 모습을 눈여겨보았음은 물론이다. 상대방에 대한 배려를 통해 리더십이나 팀워크까지 보는 것이다. 선생님은 나중에 막내의 행동에 깊은 감명을 받았노라고 나에게 말했다.

그런데 이 예절은 머리로 공부한다고 익혀지는 것이 아니다. 매일 매일 실천을 통해서 조금씩 몸에 배게 된다. 오랜 시간 습득해야 익혀지는 것이다. 가정교육이 중요한 이유는 속성상 이렇게 오랜 시간을 두고 익혀지는 것들이기 때문이다. 따라서 아주 어린 시절부터 꼭 해야 하는 것이기도 하다.

조국을 나의 품에

'조국을 나의 품 안에.' 내가 초등학교 6학년 때 교실 뒤편에 붙어 있던 글귀다. 그 옆에는 내가 받은 선행상과 나의 이름이 나란히 붙어 있었다. 담임 선생님이셨던 조성목 선생님께 받은 상인데, 내가 어떤 착한 일을 해서 받았는지는 기억에 없다.

나는 이 글귀를 보며 '너무 막연한 말이네'라고 생각했다. 초등학교 6학년이었던 그때 '어떻게 조국을 가슴에 품을 수 있을까'라는 의문을 가졌는데, 신기하게도 그때부터 그 말이 내 가슴 깊이 새겨졌다. 외국 생활을 하면서도 항상 조국을 가슴에 품고 산다. 조국에 대한 긍지와 자부심을 가지고 살아가는 것이 바로 그 글귀의 뜻이 아니었을까.

나는 한국인으로 당당하게 사는 게 아니라, 한국인이어서 당당하다. 키도 작고, 연약한 여자지만 가슴에는 늘 조국을 품고 있으므로 작은 행동 하나에서도 자부심과 그것에서 우러나는 자신감이 있었다. 조국이란 어머니의 품과 같이 상한 마음을 어루만져 준다. 외국에 나가면 애국자가 된다고 하는 것이 아마도 이런 연유에서일 것이다.

세계 192개국 사람을 두루 만날 수 있는 곳이 미국이란 곳이다. 그 미국에서 나는 기회가 닿을 때마다 내가 한국인이란 사실을 드러냈다. 쇼핑몰 사업을 할 때도, 특별한 날에는 한복을 입고 나가서 손님을 맞았다. 때로 김밥 등을 몇 박스씩 해서 나눠 주기도 하고, 한국 홍보 책자를 나눠 주기도 했다. 광복절 같은 기념일에는 매장 입구에 태극기를 달기도 하고, 매장 안에도 작은 태극기를 군데군데 달았다. 손님들도 내가 입은 한복이나 태극기에 관심을 보였다.

"아, 무척 아름다우세요."

"감사합니다. 이 옷은 한국 전통 의상인 한복이라고 해요."

"무슨 특별한 날인가 봐요?"

"네. 오늘은 한국의 추수감사절인 추석이거든요. 한국 사람들은 송편이라는 달 모양의 떡을 먹으면서 추석을 보낸답니다."

나는 고름이나 동정 등 한복을 설명해 주기도 하고, 한 바퀴 빙글 돌면서 보여 주기도 한다. 내가 한국을 대표하는 것이 아닌데도 행동 하나 말 한마디 조심하는 건 물론이다.

아이들도 마찬가지다. 자신들의 뿌리를 잊지 않게 하기 위해 어릴 때부터 '한국'에 대한 교육을 시켰다. 학교에 다니기 전인 프리스쿨 때부터 선생님의 허락을 받고 설날이나 추석 같은 명절에는 한복을 입혀서 학교에 보냈다. 한국의 날을 만들어서 한국을 소개하는 행사도 가졌다. 미국은 다문화 국가다 보니 각국의 문화를 존중해 준다. 자신의 나라를 소개하겠다는데 마다할 선생님은 없었다. 나는 학교를 방문해 영사관에서 받은 한국 홍보 책자로 한국을 알리기도 했다.

외국 아이들은 누구든 그레이스, 존, 조이가 한국인이라는 사실을 알았다. 서양인들의 눈에는 동양인들이 비슷비슷해 보인다. 외모만 따져 보면 아이들이 일본이나 중국, 베트남 아이로 보일 수도 있다. 그러나 우리 아이들은 단 한 번도 그런 일이 없었다. 또한 우리 집 아이들은 '한복' 하면 '아름다운' '소중한' '특별한' 같은 단어를 떠올린다. 한국인으로서의 자부심을 가지는 것이다. 행동 하나하나를 조심했음은 물론이고, 그야말로 모범적인 태도를 보였다. 당연히 행복하고 존중받는 학교생활을 하니 성적이 좋을 수밖에 없었다.

이런 자부심이 눈이 위로 쭉 치켜 올라가고, 얼굴이 노란 동양인이란 차별과 편견을 없앴다. 반대로 아이의 친구들은 우리가 한국인이란 사실을 알고 더욱 존중해 주었다. 한국인이란 사실은 미국 사회에서 살아가는 데 그 어떤 핸디캡도 되지 못했다. 미국의 역사는 230년밖에 안 되지만 한국은 5000년이고, 한글은 세계에서 가장 과학적인 글자라는 자부심을 가지고 있었기 때문에 어디서든 위축되지 않았다. 당당한 태도가 당당한 대접을 받게 했음은 물론이다.

왼손에는 사회성, 오른손에는 인성

세상에서 가장 어려운 일은 사람을 다루는 일이다. 세상이 복잡해진다고 하지만 결국은 사람과 사람의 관계에 의해서 이루어진다. 특히나 리더가 되려면 사람의 마음을 얻어야 한다. 모두가 외면하면 지도자가 될 수조차 없다. 친구들의 지지는 아이들에게 가장 큰 재산이다. 그러기 위해서는 지식이 필요한 게 아니라 지혜가, 무엇보다 양보와 배려가 필요하다. 미국 교육에서 가장 중요한 요소는 사회성이다. 이 점은 한국과는 많이 다르다. 한국은 한 개인의 지식이 중요하지만 미국은 한 개인이 자신의 가진 것들을 어떻게 활용하느냐를 본다. 결국 사회성을 본다는 말이다.

그럼 사회성은 어떻게 길러야 할까? 가장 좋은 것은 몸으로 부딪치게 하는 것이다. 나는 아이들이 다양한 계층의 사람을 만나 잘 어울리도록 기회를 만들어 주었다. 세계 전역을 돌며 봉사를 하게 하는 것, 학교나 지역의 아이들과 잘 어울리게 하는 것, 집을 개방해 친구들을 초대하는 것 등이 모두 포함된다.

어떤 일이든 쉽지는 않았다. 두 달 정도 탄자니아에 가는 데만 해도 비행기 표를 포함해 1,000만 원 가까운 돈이 들었고, 지역에서 봉사할 때는 일일이 차로 데려다 주고 데려오기를 반복해야 했으며, 금 · 토 · 일요일은 친구들 밥을 해 주느라 쉴 틈이 없었다. 밥만 해 놓고 가면 아이들이 차려 먹고 설거지와 청소까지 해 놓았지만, 엄청난 양의 이불과 수건 빨래가 기다리고 있었다.

'귀찮아.' '힘들어.' 아이가 친구를 초대한다는 데 엄마가 이렇게 반응하면, 어떻게 초대할 수 있겠는가? 우리 집은 아이의 친구들이 놀러 오면 그야말로 다양한 인종이 연합되었다.

"오늘 유엔 회의 하는구나!"

내가 농담이라도 던지면 아이들은 깔깔 웃었다. 미국은 다인종 국가답게 학교에 동남아, 남미, 미국, 러시아, 유럽, 아프리카 애들이 섞여 있었고, 그 아이들이 골고루 우리 집으로 왔으니 말이다. 아이들은 서로 엉켜 끈끈한 우정을 맺으면서 상대방의 나라에 대해서도 더욱 잘 알아갔다. 아이들은 학교나 책, 부모에게서도 배우지만 친구에게서 가장 많이 배운다. 그 대상이 무엇이든 간에 좋아하면 더 잘 알게 되고, 사랑하면 희생까지도 하게 되는 게 인간의 속성이다. 나는 아이들이 편견을 가지지 않고 사랑하게끔, 이왕이면 더욱 많이 사랑하게끔 노력했다.

학기 중에는 아이들을 전 세계로 내보내기 위해 보낼 만한 캠프를 검색하고, 이왕이면 항공권을 싸게 살 수 있는 방법을 알아보고 구입했다. 나는 아이들이 어릴 때 지구를 한 바퀴 돌게 하고 싶었다. 그보다 세상에 대한 눈을 키워 주는 더 좋은 글로벌 교육이 없을 것 같아서다. 지구 구석구석에서 봉사하면 세상에 대해서 보다 열린 시선이 만들어질 것이므로!

기꺼이 대접하라

미국에 있을 때 우리 집 식구들은 손님을 위해 절약했다. 손님이 오면 최대한 대접을 잘하기 위해서 평소에는 긴축 생활을 하는 것이다. 보름이나 열흘, 한 달씩 손님을 대접하다 보면 우리 집 경제가 화수분이 아닌 이상 어디선가 아껴야 한다. 우리 집에 온 손님은 최대한 좋은 곳으로 모시고 가서 좋은 음식을 대접하고, 숙소도 호텔이 아닌 우리 집에서 주무시게끔 했다.

주말에는 유학생들을 초대해서 함께 밥을 먹었다. 이국땅에 와서 따뜻한 밥 한 끼, 느끼하지 않은 한식 한 끼를 먹이기 위해서다. 그러다 보니 나의 손님이 끊이지 않았다. 아이들은 또 나를 따라 늘 친구들을 초대했다. 아이들의 친구치고 우리 집에서 자 보지 않은 친구가 없고, 우리 가족과 함께 여행을 가지 않은 친구가 없었다. 아이들은 으레 여행은 가족과 친구와 함께 가는 것인 줄 알았다. 우리는 한 번 움직이면 아이들의 친구들까지 껴서 열 명 이상의 대형 군단이 이동했다.

이렇게 되니 나는 거의 매주 하숙집 아줌마처럼 밥을 20인분씩, 30인분씩 했다. 미국이 아무리 먹을거리 물가가 싸다고 해도 식비 부담이 만만치 않았다. 하지만 오른손이 있으면 왼손이 있듯이 채워 주는 손길이 꼭 있었다. 쌀과 고기, 김치를 갖다 주는 사람들 덕분에 그 많은 사람들이 풍성한 식탁에 앉을 수 있었다.

이렇게 서로 대접하다 보면 얻어지는 것이 있다. 바로 친구들, 혹은 인맥이다. 우리가 진국임을 아는 사람들은 우리 가족과의 인연을 소중히 여겼다. 상대를 소중히 생각하면 당연히 소중한 인연이 이어진다. '대접'은 우리 가족의 문화로 자리 잡았고, 우리는 그 풍성함에 늘 자부심을 느꼈다. 네 이웃을 대접하라는 말씀을 따르는 예수님의 자녀라는 자부심 말이다.

큰딸 친구 중에 한 명이 종종 큰딸을 자신의 집으로 초대했다. 그 친구는 영국계 백인으로 엘리자베스 여왕의 친척이었다. 영국 왕실의 일원으로 가끔씩 엘리자베스 여왕을 만나러 갔다. 게다가 그 친구의 아버지는 재벌이었다. 큰아이가 다니던 보스턴대학에는 유독 백인 부자들이 많았다. 친구 중에는 한 나라의 수상의 아들도 있었다. 궁궐 같은 빌라에서 살면서 리무진으로 학교를 다니다 방학 때면 전용기를 타고 고향에 돌아간다. 그런 아이들을 보면서도 큰아이는 부러워하지도, 기가 죽지도 않았다.

"우리와 라이프스타일이 달라."

"그들은 태어날 때부터 부자 집안, 권력가 집안에 태어났지만, 대신 우리에게는 좋은 친구가 많아!"

아이들은 우리 집안의 라이프스타일, 그러니까 문화가 그들과 견주어 손색이 없다고 생각한 것이다. 따라서 우리가 친구를 대접하기 위해 지불하는 비용은 우리가 얻는 것에 비하면 아무것도 아니었다. 우리는 좋은 이웃과 친구를 얻었을 뿐 아니라, 남을 대접하고 돕는다는 부요한 마음까지 얻었다.

간혹 사람들 중에는 우리 가족이 희생하는 걸 너무나 당연하게 받아들이는 사람이 있다. 그들은 우리가 잘살기 때문에 자신들을 대접해야 한다고 생각한다. 가난하기 때문에 대접받아야 한다는 발상은 잘못된 것이다. 우리도 현실적으로 부자가 아니다. 무엇보다 가난해서 대접을 못하는 게 아니라 마음의 여유가 없어서 못하는 것이라는 사실을 알아야 한다.

대접하고자 할수록 마음은 더 부요해진다. 그리고 그것은 국경을 초월한 감동을 불러일으킨다.

소외된 나라,
북한을 사랑하며

북한이란 나라는 어디를 가나 조롱거리다. 미국 사람들은 김일성, 김정일, 김정은으로 이어지는 그 우스꽝스러운 독재자 모습을, 한국 사람들은 그들의 촌스러운 옷과 표정을 조롱거리로 삼는다. 한 번은 미국에서 고속도로를 달리는데 도로 옆 광고판에 "김정일은 악의 축"이라는 대형 포스터가 붙어 있었다. 그것을 보면서 무척 가슴이 아팠다.

우리는 모두들 잊고 있다. 독재자는 한 명이고, 그 아래에는 무수히 많은 북한 주민이 신음하고 있다는 사실을. 현재 유엔에 가입한 192개 나라 중에서 가장 가난한 나라는 북한이다. 우리는 아프리카를 위해서 기도하고 돈과 정성을 보내지만, 북한에 대해서는 어딘가 모르게 불편함을 가지고 있다.

막내가 하버드대학교를 졸업하고 한국에 오기로 결정하면서, 주변에서는 막내딸이 화려한 자리로 가지 않을까 많은 기대를 했다. 그러나 막내는 오자마자 탈북자를 위한 봉사를 시작했다.

우리 집 아이들에게 북한은 동포다. 친할아버지가 북한에서 왔다는 이유도 그 한 부분을 차지한다. 무엇보다 북한은 전 세계에서 외면받고 있기 때문에 관심을 가져 주어야 한다는 생각을 가지고 있다. 큰딸은 대학원에서 북한 문제를 공부했다. 북한 문제 전문가가 되어 앞으로 북한 문제를 지혜롭게 풀어 가고 싶다는 포부도 가지고 있다. 이를 위해 논문을 쓸 때는 직접 북한에 다녀오기도 했다. 중동아시아 정치 전문가가 되고 싶어 하는 아들 또한 북한에 관심이 많다. 북한은 중동아시아의 평화를 깨는 뇌관의 하나가 될 수 있기 때문이다.

막내딸은 언니, 오빠와 달리 좀 더 감성적으로 접근한다. 언니와 오빠가 국제정치외교학을 전공한 만큼 정책적으로, 전략적으로 북한 문제를 풀어나가는 데 도움이 되고 싶다는 입장이라면, 막내딸은 사회인류학을 전공한 만큼 우선 물에 빠진 사람부터 구하자는 입장이다.

큰딸은 중학교 때 땅굴을 보고 와서 '북한 사람들 너무 불쌍하다'며 눈물을 흘리더니, 결국은 북한 문제 전문가가 되어 북한을 도울 것이라는 꿈을 가지게 되었다. 막내는 대학교 때 아카펠라 합창단으로 활동하면서 DMZ에 다녀온 적이 있는데, 그때 북한 동포들의 소식을 듣고 눈물을 흘렸다. 그러고 나서 졸업을 하자마자 당장 북한을 위해 도울 수 있는 것을 찾았고, 남산에 있는 새터민을 위한 여명학교에서 봉사를 시작한 것이다.

핏줄이 당기는 것은 어쩔 수 없는 일인 모양이다. 우리 집안의 뿌리의 반쪽이 북한에 있는 덕에 아마도 우리는 북한에 대해서 좀 더 관대하고, 좀 더 측은한 눈으로 바라보고 있을 것이다. 반면 한국 사람들은 북한에 대해서 냉정하다. 6·25 전쟁 때 수많은 사람들이 학살을 당했고, 오랜 동안의 대립으로 냉정해진 탓도 있지만, 혹 통일을 준비하기 위해 통일세를 지불해야 하기 때문은 아닐까? 한국 사람들은 불행하게도 6·25 전쟁 이후부터 북한에 대한 좋은 기억이 없다. 평양대부흥운동과 아름다웠던 북한에 대한 기억은 우리 집안만의 기억이 아니기를 바란다. 같은 형제라면 당연히 더 도와주어야 할 것이다. 현재 하루 1달러 미만으로 살아가는 나라, 에티오피아나 수단만큼 가난한 나라가 북한이다.

탈북한 사람들은 남한에 오면 으레 한국 사람들이 자신을 도와야 한다고 생각한다. 그러나 미국에 가면 스스로 살려고 노력한다. 왜 한국에서만 뻔뻔하고 염치없게 구는 것일까? 북한 사람 입장에서 보면 잘사는 형제가 못사는 형제를 도와주는 건 당연하다. 그러나 아무리 잘산다고 해도 남의 나라에 가서는 거지처럼 도와달라고 하지 않는 것이다. 북한 사람들의 심리 속에는 남한은 형제의 나라고, 미국은 남의 나라라는 인식이 들어 있다.

그들의 생각이 전혀 틀린 것은 아니다. 관심을 가지게 되면 다른 각도로 사물을 보게 된다. 그러다 보면 세계와 북한의 문제를 해결하기 위한 참신한 방안이 나올지 모른다. 북한을 위해서 기도하고, 세상을 보는 다양한 안목을 키워 놓으면 언젠가 해결의 실마리가 나오지 않겠는가.

여행은 세상을 알게 하는 스승

버킷 리스트라는 말을 몰랐을 때부터 나의 버킷 리스트는 세계 일주였다. 다른 사람 같으면 하던 일을 내려놓을 시기에 나는 강연이라는 새로운 일을 시작하게 되었다. 강연회 같은 일들로 세계 곳곳을 다니지만, 나는 그것을 일이 아니라 여행이라고 말한다. 그것을 통해서 삶에 대해 배우고 재충전할 기회를 얻기 때문이다.

여행을 통해서 깨달은 것은, 눈의 크기는 마음의 크기라는 사실이다. 넓게 볼수록 많은 것을 얻는다. 안목을 넓히기 위해서는 젊어서 여행을 자주 하는 게 좋다. 세상을 헤쳐 나가는 용기와 함께 세상을 보는 다양한 관점이 생기기 때문이다. 결혼하기 전 경험, 그러니까 일찌감치 서울에 가고, 미국에 가고, 사우디아라비아에 간 무모하기까지 한 행동들이 내 또래가 보지 못하는 것과 용기를 주었음을 알기 때문이다. 그렇기 때문에 인생을 출발하는 출발선이 달랐다.

사람은 두 개의 눈만 가지고 있지 않다. 가난한 사람을 측은하게 느끼는 눈, 억압받는 자들을 해방시키는 눈, 주어진 것에 감사하는 마음의 눈이 있기에 사람으로서의 특권을 누리는 것 아닐까.

나는 아이들이 어렸을 때부터 여행을 많이 보냈다. 돈을 많이 버는 것, 권력을 가지는 것도 특권이라면 특권일 수 있지만 인간으로서의 특권을 누리고 살게 하기 위해서다. 그 덕분에 세 아이 모두 대학을 졸업하고 사회에 나오기 전까지 세계 일주를 경험했다.

요즘은 여행이 예전과 달리 쉽다. 유럽, 아프리카, 동남아, 남미는 돈만 있으면 갈 수 있다. 크루즈 여행을 하든 관광지를 찾아가든 말이다. 그러나 우리 아이들의 여행은 그런 식의 여행이 아니었다. 큰딸은 스페인에 유학을 가서 한 달씩 유럽을 돌며 말이나 문화를 익혔다. 막내딸은 비영리 봉사단체를 통해 탄자니아에서 3개월간 살면서 스와힐리어를 배우고 아프리카를 돌아보았다. 또한 막내딸은 아르헨티나에 6개월간 교환학생으로 가 있으면서 칠레와 페루 등지를 돌고는 했다. 아들은 터키 대학에 2년간 영어 교수로 가 있으면서, 러시아, 조지아 등 인근을 여행할 뿐 아니라 아시아와 유럽 대륙을 샅샅이 훑었다. 그곳에서 번 돈을 거의 모두 여행에 썼지만 잘했다고 했다.

진정한 여행이란 언어와 문화를 배우고, 그 사람들과 어울림으로써 그들 사회를 알아 가는 것이다. 그러기 위해서 세 아이 모두 교환학생 프로그램과 다양한 해외 봉사 캠프를 적극 이용하게 했다. 특히 교환학생 프로그램은 6개월에서 1년 정도로 기간이 비교적 길다 보니 얻는 게 많았다. 큰딸은 유럽, 막내딸은 남미, 아들은 한국을 이용했다. 교환학생 프로그램은 그곳의 문화와 언어를 배우는 데 도움이 될 뿐 아니라, 주변 지역까지 여행할 수 있어 일석이조였다. 또한 그곳에서 생활하며 일어나는 도전들을 기꺼이 받아들이며 극복해 나가게 함으로써 사회성이나 문제 해결력을 키울 수도 있었다.

아이들도 자신들의 해외 경험에 자부심을 느낀다. 막내딸의 친구들 중에는 하버드대학교에 올 때까지 자신이 태어난 지역을 벗어나 보지 못한 아이, 심지어 비행기를 한 번도 타 보지 못한 아이도 있었다. 그런 아이들은 막내의 해외 경험담을 부러워했다. 우리나라뿐 아니라 미국의 아이들과 부모들도 해외 경험을 높이 사는 건 마찬가지다.

나는 가급적 여행이란 세상을 받아들이기 쉬울 때, 그러니까 이왕이면 젊을 때 해야 한다고 생각한다. 안목을 넓히는 게 가장 필요한 시기는 10대, 20대 같이 젊을 때니까 말이다. 이때는 돈을 들여서라도 적극적으로 배울 때다. 너무 '돈, 돈' 하면서 돈을 버는 데 아등바등하는 것은 청춘을 낭비하는 것이다. 돈은 평생 벌 수 있지만 인생을 풍부하게 만들어 주는 경험과 안목은 젊을 때 아니면 언제 만들어지겠는가. 아이들은 자신들이 아르바이트 등을 하면서 돈을 벌어 여행 경비를 대부분 충당했지만, 모자라면 내가 보태 주기도 했다.

나는 아이들이 대륙마다 친구가 있는 것이 무척 보기 좋다. 세계 어디를 가든 친구의 나라다. 그러다 보니 어디를 가든 외롭지 않고, 어디를 가든 소통이 된다. 그것은 내가 일찍이 해 보지 못한 멋진 경험이다.

외국어는 필요를 느끼게 멍석을 깔아 주라

한국 사람들도 외국어 교육에 열을 올리고 있다. 그건 나도 마찬가지다. 모국어와 외국어 두 가지를 써야 하는 아이들이기 때문에 여러 가지 말을 배울 수 있는 환경이었다. 다중 언어를 배울 수 있는 환경이 감사하긴 하지만 고민이 아주 없는 건 아니었다. 어느 말을 먼저 배울 것인가에 대한 부분이 그러했다.

나는 당연히 한국어를 먼저 배우게 했다. 그래서 큰딸은 학교에 들어갔을 때 영어를 잘하지 못했다. 선생님은 나를 불러서 조언을 했다.

"그레이스가 영어가 많이 서툽니다. 미국에서 살아가려면 영어를 해야 하니까 집에서도 영어를 쓰게 하세요."

"아뇨, 선생님, 저는 선생님과 생각이 다릅니다. 그레이스는 미국에서 태어나 미국에서 살아갈 것이니까 어차피 영어를 배울 수밖에 없는 환경입니다. 그러나 모국어인 한국어는 지금 배우지 않으면 배울 기회가 없어요."

그건 세 아이 모두에게 해당했다. 우리는 집에서 철저하게 한국어를 썼다. 게다가 외할머니까지 와 계신 덕분에 아이들은 집에서는 한국어, 밖에서는 영어를 쓰는 이중 언어 생활자가 되었다. 그것이 옳은 선택이었음은 몇 년 뒤에 나타났다. 아이들은 영어로 말하기뿐 아니라 글쓰기도 능숙했다. 게다가 다른 이민 가정의 아이들과 달리 한국어도 능숙하게 썼다.

"서른한 살일까? 삼십일 살일까?"

"'할머니, 어머니가 오셨어요'가 맞을까 '할머니, 엄마 왔어요'가 맞을까?"

한국어는 체계는 아주 합리적이지만 발음이나 규칙이 꽤나 복잡해서 유학을 와서 몇 년만 지나도 곧잘 그 체계를 잊어버리는 경우가 많다. 그런데 아이들은 미국에서 태어났는데도 불구하고 정확한 한국어를 구사했다.

그 외에 미국에서 영어 다음으로 많이 통용되는 말은 스페인어다. 뉴욕에만 가도 중심가를 벗어나면 스페인어가 귀에 들어온다. 가급적 스페인어를 배웠으면 하는 마음에서 초등학교 1학년 때부터 스페인어 교습을 시켰다. 어릴 때 익힌 덕분인지 스페인어를 수준급으로 구사한다. 큰딸이 그 많은 대학을 다 두고, 바르셀로나대학교로 유학을 간 이유도 그 때문이다.

외국어를 빨리 배우면 어떤 이점이 있는지 나는 누구보다 잘 안다. 어릴 때부터 다양한 국적의 아이들과 친하게 지내게 한 것도 그 때문이다. 친구들과 친하게 지내다 보면 그 친구 나라의 언어와 문화에 관심을 가질 테니까 말이다. 다양한 국적의 친구들과 어울릴 수 있는 캠프는 무조건 보내 주었다. 덕분에 아이들은 현재 모두 네다섯 개의 언어를 자유롭게 구사한다.

내가 아이들에게 언어를 가르치는 방법은 학원에 보내는 등의 강제적인 방법이 아니었다. 나는 다만 멍석만 깔아놓았다. 다른 언어를 배우게끔 그 필요성을 자극하는 방식이다. 그러면 아이들은 자신에 맞는 방법을 찾아 공부했다.

그리고 무엇보다 현장에 가서 직접 부딪치는 방법을 쓰게 한다. 그것 역시 젊어서의 나의 체험에서 나왔다. 당장 그곳에서 몇 달 살다 보면 특급으로 배우게 된다. 살면서 필요한 부분들을 해결해 가야 하니까.

버락 오바마 대통령에게 배우는 것

평소에 아이들에게 자주 하는 말 중에 하나가 사람에게 배우라는 것이다. 감동을 주는 사람들을 보면 그만의 철학이 있다. 좋은 사람들 틈에만 있어도 좋은 사람이 될 수 있다. 알게 모르게 배우니까 말이다.

몇 년 전, 큰딸이 오바마 대통령의 재선을 위한 선거캠프에서 일했다. 선거 막판에는 박빙의 상황이 펼쳐졌다. 공화당 후보가 될지 오바마 대통령이 재선될지 한 치 앞도 분간이 안 되었다.

11월에 있을 선거를 일주일 앞두고 뉴저지 주에 거대한 태풍이 왔다. 뉴저지 주는 그 전에도 태풍의 피해를 입고 한창 복구되던 중이었다. 그때 오바마 대통령은 선거운동을 멈추고 재해 현장으로 들어가 직접 현장을 지휘했다. 대통령으로서 태풍 수습이 먼저라는 판단을 내린 것이다. 그 모습을 본 국민들은 감동했다.

선택의 기로에 섰을 때 결정을 내리기란 쉽지 않다. 그럴 때는 나의 이익을 가장 마지막에 두고 생각하면 된다.

"엄마, 재선에 성공했어."

큰딸이 기쁨에 찬 목소리로 전화했을 때 나는 여유 있게 대답했다.

"그렇게 될 줄 알았어."

오바마 대통령은 재선에 성공한 다음 백악관에서 파티를 하며, 자신을 위해 노력한 스태프 한 사람 한 사람에게 감사의 인사를 전했다. 큰딸에게도 "내가 너의 노력으로 대통령이 되었으니, 네가 노력한 이상으로 노력하겠다"는 말을 했다. 큰딸은 그날 감동해서 또 전화를 걸어 왔다. 아마 딸은 그 순간, 명량해전에 나가는 이순신 장군의 심정이었을 것이다. 자신의 노력을 이렇게 알아주는 대통령을 위해서라면, 기꺼이 나의 모든 노력을 바치겠노라고 말이다.

오바마 대통령은 말을 무척이나 잘한다. 그의 연설을 듣고 있으면 매우 신뢰가 간다. 그런데 절대로 말이 앞선다는 생각은 들지 않는다. 그것은 오바마 대통령이 갖고 있는 인품의 힘일 것이다. 큰딸에게 한 말은 절대로 형식적인 인사치레가 아니었을 것이다. 사람들은 말 그 자체보다 말을 전달할 때의 눈빛이나 제스처, 뉘앙스 등을 보고 말하는 사람에 대한 판단을 내린다. 하는 말과 주변의 상황이 같을 때는 진실이라고 믿지만, 다를 때는 거짓말이라고 판단한다.

그 뒤에도 딸은 오바마 대통령을 만날 때마다 감동해서는 나에게 전화로 알리고는 했다. 큰딸은 태어나서 자신에게 가장 감동을 준 사람을 세 사람만 꼽으라 하면, 아마 오바마 대통령을 그 중에 넣을 것이다.

살다 보면 사람을 잘 감동시키는 사람이 있다. 딸에게 오바마 대통령의 말이 남다르게 들린 이유는 최선을 다한 자신의 노력을 알아주었기 때문이다. 상대가 자신의 노력을 알아주면 그를 위해 더욱 노력하게 된다. 오바마 대통령은 특별한 말을 하지 않는다. 상대에 대해서 얼마나 고맙게 생각하는지만 전할 뿐이다. 그리고 그 상대가 누구든, 직책에 상관없이 진심을 담아 감사의 인사를 건넨다.

무슨 일을 하든 누군가의 도움을 받아야 한다. 나 혼자의 힘으로는 곤란하다. 그럴 때 어떻게 해야 하는지 나는 오바마 대통령을 통해서 배웠다. 그건 아이들도 마찬가지다. 나중에 아이들도 자신의 분야에서 성공해 일정 정도의 지위에 올랐을 때 오바마 대통령과의 만남을 떠올릴지도 모른다.

"네가 모시는 대통령, 굉장히 멋진 사람이다."

"그렇지, 엄마!"

"그래, 사람의 마음을 알아주는 사람이 진짜 멋진 사람이야!"

그랬다. 그런 사람이 큰일을 할 것이다. 그렇게 마음 깊이 새겨지는 말을 할 수 있다는 것은, 그가 감성이 메마른 사람이거나 입에 발린 소리를 하는 사람이 아니라는 뜻이니까.

"모든 게 네 덕분이다!(Because of you!)"

나도 오바마 대통령에게 한 수 배웠다. 누군가 나에게 친절을 베푼 사람에게 이렇게 말해 준다면, 그는 얼마나 감격할 것인가. 짧은 인사라 하더라도 이렇게 감성을 터치하는 한마디라면 한결 매끄러운 관계가 만들어질 것이다.

"너도 오바마 대통령이 한 것처럼 해!"

이런 말을 하지 않아도 지혜로운 큰딸은 그렇게 할 것이다.

마음이 따뜻한 사람을 멘토로 삼으라

'존경하는 분이 누구입니까?'라는 질문을 종종 받는다. 전 세계를 돌아다니다 보면 정말로 많은 사람을 만날 텐데, 그 사람 중에서 내가 존경하는 사람이라면 겉으로만 그러한 것이 아니라 진정으로 대단할 것이라고 생각해서다. 나는 제임스 레이니 전 주한 미국대사를 멘토로 삼고, 시간이 날 때마다 인사를 다닌다. 그가 애틀랜타에 살고 있기 때문에 가능한 만남이기도 했다.

레이니 대사는 우리나라와 인연이 깊은 분이다. 그는 예일대학교에서 경제학을 공부하던 중 육군에 입대하게 되었는데, 대한민국 정부 수립을 전후한 시기에 우리나라에서 복무하면서 이승만 대통령을 가까이에서 보좌하기도 했다. 미국으로 돌아간 후에 예일 신학대학원에서 공부하고 감리교 목사가 되어 1959년에서 1964년까지 다시 한국에 선교사로 와서 활동하였다. 1977년부터 1993년까지 에모리대학교의 총장을 지내고, 총장을 그만둔 뒤에는 주한 미국대사가 되어 한국에서 1993년부터 1997년까지 일하였다.

그가 젊을 때의 일화는 그가 얼마나 따뜻한 사람인지 여실히 증명한다. 에모리대학교에 교수로 있을 때 그는 집에서 걸어서 출퇴근을 한 모양이다. 그가 학교로 가는 길목에는 노인 한 분이 매일 나와서 앉아 있었다. 그는 쓸쓸히 앉아 있는 그 노인을 볼 때마다 말을 걸어주었다. 노인의 유언장이 공개되기 전까지 그는 노인의 신분을 몰랐다. 유언장에는 자신의 회사 주식의 5퍼센트를 레이니라는 젊은이에게 주라고 되어 있었다.

알고 보니 그 노인은 코카콜라의 창업주였다. 코카콜라의 주식 5퍼센트는 어마어마한 액수였다. 당시 에모리대학교는 미국에서 그리 유명하지 않은 작은 대학이었다. 레이니는 이번에도 남들이 놀랄 만한 결정을 했다. 그는 자신이 받은 유산을 모두 학교에 기증한 것이다. 엄청난 투자를 받은 대학은 곧 명문 대학으로 성장했다. 학교를 명문 대학으로 만든 공로로 레이니는 16년간 총장을 했다. 그가 총장으로 있으면서 학교를 더욱 키웠음은 물론이다.

내가 그를 처음 만났을 때 그는 이미 일선에서 은퇴한 뒤였다. 20년도 더 된 낡은 차를 타고 다니는 조용한 할아버지일 뿐이었다. 겸손하고 소박한 성품 탓에 사람들은 그가 누군지 잘 몰랐다. 주변에 살던 한국 사람들은 그 우아하고 조용한 노인에 대해 한국 생활을 오래 해서 청국장을 좋아하고 보쌈김치를 좋아하는 분 정도로만 알고 있었다. 그가 전직 주한 미국대사라는 사실은 나 같이 호기심이 많은 한국인들이나 알았다. 나는 그의 그런 성품이 너무나 닮고 싶어서 멘토로 청했다. 그랬더니 놀러 오는 건 언제든지 좋다고 허락하였다.

평소에 쌓은 작은 친절이 얼마나 중요한지에 대해서 설명할 때 나는 레이니 대사의 이야기를 예로 든다. 평소에 은덕을 쌓는 것은 쌓는 사람 눈에는 보이지 않는다. 그러나 어느 날 만리장성 만한 존재감으로 다가올지도 모른다. 그러니 어떻게 스쳐 가는 사람 하나하나를 소중하게 여기지 않을 수 있겠는가!

나는 존경하는 분들에게는 멘토가 되어 달라고 청한다. 명성이 있는 사람, 권력이 있는 사람이 아니라 인간적인 향기가 느껴지는 분들에게 청한다. 목사님이든 연주가든 봉사를 열심히 하는 사람, 가정주부, 외할머니 등 이루 꼽을 수 없을 정도로 많다. 아이들에게도 인생에서 많은 멘토를 만들라고 조언한다. 그분들의 인생의 향기가 배어나기 때문이다.

무엇보다 부모 스스로 자녀의 멘토를 자청하길 바란다. 자녀에게 가장 좋은 멘토는 부모다. 나는 아이들에게 가슴이 먹먹해질 만큼 감동스러운 고백을 받았던 순간이 있다. 바로 큰딸이 "엄마처럼 살고 싶어"라고 말했을 때와, 아들이 "세상에서 엄마를 가장 존경한다"

라며 가장 닮고 싶은 인물이라고 해 주었을 때다. 나는 결코 완벽한 엄마가 아니었다. 그러나 나는 아이들에게 노력하는 멘토가 되어 주려 했다. 그리고 아이들은 나를 엄마이자 멘토로서 존중하고 사랑해 주었다.

멘토를 만든다는 것은 멘토가 가진 삶의 향기를 닮아가는 것이다. 당신도 당신의 향기를 아이들에게 전하라. 자녀에게서 자신의 모습을 발견할 때의 기쁨, 서로 존경과 사랑을 나누는 기쁨은 이루 말할 수 없이 크다. 그 기쁨을 꼭 누려 보길 바란다.

글로벌의 진짜 속뜻은

2012년 여수 엑스포가 열렸을 때, 나는 체육관 두 개를 꽉 채운 인파 앞에 섰다. 여수 엑스포를 위한 복음화성회에서 통역을 맡은 것이다. 그 행사는 지금도 여수 시민이 가장 많이 모인 행사로 손꼽히는데, 그 행사의 강연자는 놀랍게도 아들 존이었다.

'어떻게 다른 사람들 앞에서 말을 해요'라고 하던 수줍음 많던 아들은 어느덧 열정적인 강연자가 되어 있었다. 한국어도 곧잘 했지만 그보다 더 자유자재로 구사하는 건 영어다. 존을 키운 땅은 미국뿐 아니라 한국, 터키, 유럽, 아프리카이며, 또한 그곳의 사람들이기 때문이다. 그래서 아들은 영어로 강연을 했고, 나는 아들의 강연을 통역하게 된 것이다.

아들은 2008년 서강대학교에 교환학생으로 왔을 때에도 6, 7, 8월 방학을 이용해서 청소년 관련 집회를 이끌면서 젊은이들에게 꿈의 씨앗을 키우는 역할을 했다. 그 이후로도 전 세계를 다니며 청소년을 대상으로 강연과 함께 봉사를 하고 있다.

아들은 강연을 통해 '당신도 지금부터 할 수 있다'라는 메시지를 전한다. 존은 나의 꿈의 씨앗이자 기도 응답의 증거이기 때문이다.

아들의 강연을 통역하면서 나는 40년 전에 빌리 그레이엄 목사님의 부흥회에 갔을 때 김장환 목사님이 통역을 하던 모습을 떠올렸다.

'나도 저렇게 될 수 있을까?'

사실 나는 그 말씀의 씨앗이다. '꿈을 향해 일어서라'고 말씀하셨을 때, 수많은 사람들 속에서 내가 일어선 것이다. 나를 따라 이제는 아들과 딸들까지, 그리고 나의 발이 닿는 곳에 있는 아프리카나 아시아의 사람들까지 일어서고 있다. 이것이 말씀의 힘이다.

단순히 글로벌하게 키우라는 건 아무런 의미가 없다. 미국 친구와 쇼핑하고, 영국 친구와 요트로 여행하고, 아프리카에서 사파리를 즐기는 것이 글로벌이 아니다. 전 세계에 좋은 영향력을 끼치는 것, 그들과 함께 일어서게 하는 '감응'이 글로벌이다.

무엇보다 부모가 글로벌하게 생각하고 행동해야 자녀들이 따라온다. 아이들은 내가 어떤 일을 하고, 어떤 생각을 가지고 살며, 어떻게 자신들을 보살폈는지 가장 잘 안다. 나의 중심은 하나님이다.

아이들도 그 중심을 따르며, 자신의 영역에서 능력을 발휘해 나가는 것이다. 그리고 그것을 기꺼이 나눔으로써 아직 자신이 누군지 모르는 사람들, 자신의 능력이나 꿈을 찾지 못한 사람들을 이끌어 가며 선한 영향력을 확장해 나가는 것이다.

가난한 이웃을 배려하고, 전쟁에 시달리는 이웃을 보호하며, 기근에 시달리는 이웃을 위해 우물을 파고, 근심이 가시지 않는 이웃을 웃게 만들어 주는 것, 그중에서 할 수 있는 것을 하면서 자신 또한 더욱 성장해 나간다.

나는 30년 전 김장환 목사님이 그레이엄 목사님과 똑같이 왼팔을 올리던 모습을 기억한다. 존의 강연을 통역하면서 존이 가진 꿈이 30년 전 내가 가진 꿈이라는 것, 그리고 지금도 여전히 가지고 있는 나의 꿈임을 확인했다. 자녀는 부모가 간 길을 그대로 따라간다. 가장 많이 보고 가장 많이 느끼는 것이 부모이기 때문이다.

성장한 아들의 모습을 보는 것은 감동인 동시에 또 다른 도전이었다. 훌쩍 큰 아들을 보면서 자녀의 멘토된 부모로서 중심을 잃지 않고 잘 살아야 함을 되새겼다. 일생을 통해 자녀는 부모로 인해 배우고, 부모는 또 자녀로 인해 배운다.

Part 6

넘어졌을 때 배우는 '일어서는 법'

이 세상에 한 번도 실패하지 않은 사람은 없다.

누구나 한두 번쯤은 인생의 어느 모퉁이에서든 쓰러진다.

그때 손을 내미는 사람이 되고 싶다.

다시 일어나서 함께 걸어가자고. 넘어져도 다시 일어나면 된다.

사람은 고난을 통해서 겸손해지며 새롭게 변화될 수 있다.

그럼에도 인생은 아름답다

인생은 살아 볼 가치가 있는 아름다운 것이다. 어느 날, 강연을 마치고 나오는데 누군가 뛰어나와 나를 꼭 안아 주면서 고맙다고 말했다. 자살을 하려고 생각했는데, 나의 강연을 듣고 열심히 살아 봐야겠다고 새롭게 다짐했다는 것이다.

내가 누군가에게 생명의 은인이 될 수도 있다는 사실에 감사했다.

'그동안 내가 당한 고난이 현재의 나를 있게 할 줄이야….'

그것을 깨닫는 순간, 고난이 하나님의 섭리였음을 인정하고 감사하는 마음을 가지게 되었다. 만약에 다시 한 번 젊은 시절로 돌아간다고 해도, 편한 길로는 가지 않을 것이다. 그렇다면 이런 축복도 받지 못했을 것이기 때문이다.

누구나 살면서 문제에 직면하게 된다. 실패의 고비가 없는 인생은 없다. 어릴 때 나는 '실패는 성공의 어머니'란 말이 잘 이해되지 않았다. 그러나 살아오면서 그 말에 대해 가졌던 의문이 풀렸다. 받은 축복에 감사하며 가슴으로 이해하게 된 것이다.

사람들은 자신이 걷는 것을 당연하게 여긴다. 걸음마를 배울 때 수십 번도 더 넘어지고 일어났음을 기억하지 못한다. 한 번도 안 넘어지고 걷는 아이는 없다. 쉽게 일어나고 또 넘어지는 것을 반복함으로써 걷는 법을 배우게 되는 것이다.

삶에서도 이와 마찬가지다. 순간순간 닥치는 상처는 또 얼마나 많으며, 그때 느끼는 아픔은 또 얼마나 혹독한가. 아프리카의 모래바람은 지나가면서 긁힌 흔적을 남기는데, 그것을 아물게 하는 것은 시간이 아니라 자신이다. 노력해서 살다 보면 새 살이 차오르는 것처럼 삶이 재생된다. 그러니까 그 순간 탁탁 털고 일어나면 된다. 나 또한 수없이 넘어졌지만 일어났기 때문에 지금 이렇게 살아 있는 것이다. 그리고 하나님은 그동안 나를 끊임없이 연단하면서 업그레이드시켜 주셨다.

환경은 결코 변하지 않는 것 같지만, 자신이 변하면 처해 있는 환경도 변한다. 인생을 변화시킬 수 있는 것은 신앙의 힘과 자신의 의지밖에 없다. 순간순간 충만함을 공급받음으로써 용기를 가지고 눈앞의 문제에 매달리는 것이다.

한때 돈이 없었을 때는 종이가 돈으로 바뀌길 바란 적이 있다. 그렇다고 내 눈앞에서 종이가 돈으로 바뀌지는 않았다. 누군가 대신해서 나의 문제를 풀어 주지도 않았다. 그러나 곧 내가 돈을 벌게 되면서 그 문제는 풀렸다. 문제에서 벗어날 수 있는 유일한 방법은 자신의 노력과 결단이다.

분명 살다 보면 '과연 내가 이 문제를 극복할 수 있을까?' 하는 순간과 마주치게 된다. 돈을 벌기 위해 서른여덟이란 나이에 일을 시작했지만 방송국 일도 사업도 누구보다 성실히 임했고, 감사하게도 성공적으로 해냈다. 서른여덟 살이란 나이도 새로 시작하기에 늦지 않았던 것이다. 그리고 나는 마흔여덟 살에도, 그리고 쉰 살이 넘은 지금에도 끊임없이 새로 시작하는 일들이 있다.

단돈 5달러가 없다고, 사람들이 뒤에서 수군거린다고 목숨을 버렸다면 지금 내가 이런 벅찬 순간을 맞이할 수 있을까? 그것을 극복한 덕분에 지금 1년에 지구를 한 바퀴씩 돌며 강연을 다닐 수도 있고, 전 세계를 누비는 덕분에 공짜로 일등석 손님이 되기도 했다.

몇 년 전, 애틀랜타 공항에서 한국으로 가는 비행기를 기다리는데 나를 찾는 방송이 나왔다. 카운터로 가보니 항공권을 일등석으로 바꿔 주겠다고 했다. 왜 그러냐고 물었더니, 그동안 매우 자주 이용해서 우수 고객이 되었다는 것이다. 10년 가까이 이코노믹 석에서 열 시간 넘게 다닌 덕분에 얻게 된 혜택이다. 하루하루 견디며 노력하다 보면 언젠가는 그에 합당한 대우를 받게 된다. 나는 분명 일등석 표를 사지 않았지만 어떨 때는 아파서, 어떨 때는 자리가 없어서 편안한 일등석에서 올 수 있었다.

지금 고통받고 있다면, 그것을 떨치고 일어날 수 있는 결단과 용기가 필요한 때라고 믿으면 된다. 버텨 낸다면 모든 것은 이루어진다. 아무리 고통스럽더라도 생명과 믿음의 끈을 놓지 않고 온 덕분에 나는 20대보다 30대에, 30대보다 40대에, 40대보다 50대에 더욱 큰 기쁨을 누리고 있는 것이다.

아낌없이 주는 나무처럼

막내딸이 다섯 살 때 겪은 그 사고 이후로 내 삶은 덤이라고 여긴다. 그때 살아난 것을 사람들은 기적이라고 했고, 내겐 너무나 분명한 하나님의 도우심이었다.

그날은 미국 동남부 지역 교회의 연합수련회가 있던 날이었다. 대서양 파도에 막내딸이 쓸려 가는 것을 보고, 나는 바다로 뛰어들었다. 바다로 뛰어들 때는 내가 수영을 잘하지 못한다는 사실을 잊어버렸다. 나는 간신히 딸의 손목을 잡았지만, 파도에 떠밀려 자꾸만 먼 바다로 나가고 있었다. 나는 파도 속에서 막내를 낚아채 해안가 쪽으로 힘껏 던졌다. 그 순간 어디서 그런 힘이 났는지는 나도 모르겠다.

때마침 윈드서핑을 하던 중학생이 막내를 잡아서 무사히 해변에 내려놓았다. 그러는 사이 나는 파도에 휩쓸려 필사적으로 허우적거리고 있었다. 정신이 혼미해져 허우적거릴 힘조차 없던 나는 '주님 살려 주세요'라고 마음속으로 부르짖었다. 그러자 기적처럼 밧줄이 하늘에서 내려왔고, 나는 그것을 움켜쥐었다.

그날의 기억 중에서 어디까지 환상이고 어디까지 현실인지 나는 모른다. 윈드서핑 보드에 구조되어 해안에 뉘어졌을 때는 이미 의식을 잃어버린 뒤였다. 마침 대기 중이던 구급요원들이 심폐소생술을 했고, 구급차에 실려 병원으로 옮겨졌다.

수련회에 참가 중이던 30여 개 교회의 목사님들은 "황경애 사모를 살려 달라"고 철야기도를 하셨다. 미국의 독립기념일인 7월 4일, 나는 죽음의 바다에 빠졌고, 7월 5일에 깨어났다. 하나님의 주관 아래 나와 막내는 살아났다. 그날 이후 나의 삶은 변했다. 덤으로 사는 인생에 어려울 게 무엇이 있겠는가라고 생각하게 된 것이다.

어떤 사람들은 그날의 일에 대해서 우리에게 행운이 겹쳤다고 말할지도 모르겠다. 며칠 전에 수영을 잘하던 남자가 우리가 빠진 그 자리에서 죽었고, 우리가 물에 빠지기 직전 바로 그 장소에서 물놀이 사고가 또 발생하는 바람에 구급차와 구급요원들이 대기하던 중이었다. 막내를 해안까지 데리고 온 윈드서핑을 하던 소년들은 그날 아침에 엄마와 입씨름을 해 가면서 윈드서핑 보드를 비좁은 차에 겨우 싣고 왔다. 이 모든 사건 중에서 단 하나라도 빠졌다면 나는 살아 있지 못했을 것이다.

살아 있는 한, 삶은 기적의 연속이다. 다만 기적을 경험하면서도 자기 자신이 느끼지 못할 뿐이다.

막내딸은 "엄마가 내 생명의 은인이에요"라고 말한다. 자식에게는 아낌없이 주는 나무처럼 되는 게 부모 아닐까. 막내딸을 살린 게 나라면, 나를 살린 분은 하나님이시다.

'사람은 왜, 어떤 이유로 살아갈까?'

나는 살아 있는 이유를 발견하는 것을 희망이라고 말한다. 반대로 절망이란 존재 이유를 모르는 상태라고 말한다. 이 세상에 존재 이유가 없는 인간이란 없다. 하나님이 이 세상에 인간을 만드실 때 가장 고귀한 모습으로 지으셨다는 것 자체가 한 사람 한 사람에게 살아갈 이유를 주신 것이다.

나를 위로하는 몇 가지 방법

엄마가 행복해야 자녀들이 행복하다. 적어도 나는 그렇게 생각한다. 스스로를 위로하는 한두 가지 방법 정도는 있어야 세상은 살 만해진다. 나의 비법은 아이들과 여행을 하거나 음악회에 가는 등 공연을 보는 것이다. 이 세상에 있는 아름다운 것을 마음껏 누림으로써 기쁨을 얻는 것이다.

〈오페라의 유령〉에 나오는 사라 브라이트만의 〈안녕이라고 말할 시간 *Time to Say Goodbye*〉을 들으면서 손바닥이 얼얼해질 때까지 박수를 치는 것, 뮤지컬 〈시카고〉를 보며 신이 나서 발로 장단을 맞추는 것, 뮤지컬 〈캐츠〉를 보며 자리에서 튀어나가고 싶을 정도로 에너지를 느끼는 것, 〈레미제라블〉을 보며 끊어질 듯 이어지는 노래에 가슴 두근거려 하는 것. 그 모든 것은 나를 한동안은 기쁨에 떨게 하는 에너지가 된다. 인간이 만든 것 중에서 가장 지극하게 아름다운 형태가 예술일 것이다. 차 안에서 틀어놓는 노래들을 통해 한동안은 영혼이 주리지 않은 상태가 된다.

나의 기쁨에 대해서 잘 아는 아이들은 그 기쁨을 선물하고 싶어 한다. '퀸 에스더' 앞으로 날아오는 생일카드에는 으레 뮤지컬 티켓이 들어 있다. 막내딸 덕분에 나는 쉰 번째 생일에 옆집 친구 웬디와 함께 사라 브라이트만의 공연을 볼 수 있었다. 그 기억은 몇 달 동안, 아니 떠올릴 때마다 누고두고 기쁨이 되고 있다.

지상에서 주어지는 소소한 행복들을 나는 놓치지 않는다. 하나님이 주신 자연을 만끽하는 것, 그리고 인간이 만든 것들 중에서 영혼을 울리는 것들, 예컨대 영화나 뮤지컬, 재즈, 클래식 공연 등은 빠뜨리지 않는다. 아이들과 친구가 바빠 함께 가지 못하면 혼자라도 가서 영화도 보고 연극도 보고 온다.

왜 미술관에는 혼자 온 여자들이 많을까? 혼자서는 아무것도 못할 것 같지만 그렇지 않다. 미술관이나 음악회에 가 보면 혼자 온 사람들이 눈에 띈다. 자신만의 기쁨을 찾으려는 용감한 사람들은 어디에나 있다.

"엄마, 그거 봤어요?"

"응. 저번 주에."

"바쁘다면서 언제 봤어요."

"그래도 봤어. 너도 꼭 봐. 시간이 된다면 너랑 같이 한 번 더 볼 수도 있어!"

사람들은 내가 아이를 키우는 동안 절대적으로 헌신했다고 생각한다. 틀린 말은 아니지만 나를 위해 영화나 공연은 반드시 챙겨 봤다. 그리고 보고 싶은 책도 봤다. '시간이 어디 있어서 그런 것을 다 할 수 있어요?'라고 묻는 사람은 시간의 위력을 모르는 사람이다. 시간은 절대로 모자라지 않는다. 자신을 위한 시간을 쓸 줄 몰라서 흘려 버릴 뿐이다. 조금만 더 부지런히 움직이면 충분히 자신을 위한 시간을 낼 수 있다.

바쁘다고 하는 건 사실 아무것도 받아들일 수 없을 정도로 마음이 번잡하다는 말이다. 바쁠수록 나는 스스로를 위로한다. 나를 위해 휴식을 취하고, 나를 위해 기쁨을 저축한다. 내가 기뻐야 더 좋은 걸 발견할 수 있고, 그래야 그것을 아이들과 주변 사람들과 나눌 수 있기 때문이다.

인생은 도전 그 자체다

'도전할 기회가 있으면 도전하라!'

마흔여덟 살 이후부터 매년 지구를 한 바퀴씩 돌면서 내린 결론은 결국은 도전 정신이 있어야 살아갈 수 있다는 것이다. 비행기를 타고 하늘을 날다 보면 땅에서는 안 보이는 것들을 볼 수 있다.

하늘 위에서 인도네시아를 내려다보면서 나는 깜짝 놀랐다. 인도네시아 섬 안에 있으면 동그란 하늘만 보이지만, 하늘 위에서 내려다보면 주변에 있는 섬들까지 훤히 다 보인다는 사실이다. 코코넛 나무숲도 자세히 보면 한 그루 한 그루 다 보인다.

그리고 무엇보다 이렇게 멀리서 보면 일감이 보인다.

'무엇을 하고 살 것인가?'

요즘은 평생 직업이 사라진 시대다 보니 사람들은 일생 동안 일감을 찾아야 한다. 세상에는 사람들이 다양한 방법으로 저마다 일용할 양식을 구한다. 코코넛에서 추출하는 팜 오일을 수입하는 사람, 석탄을 수출하는 사람, 바다에 빠진 석탄을 줍는 사람 등 다양한 일을 해서 먹고 산다.

인도네시아 바닷가에 갔을 때, 해변에 까맣게 밀려온 것이 처음에는 희귀한 돌멩이인 줄 알았다. 자루를 들고 그것을 줍는 사람들을 보면서도 그것이 쌀과 땔감으로 바꿀 석탄일 줄은 상상도 하지 못했다. 석탄 화물을 잔뜩 실은 작은 배가 바다 한가운데서 큰 화물선을 만나 석탄을 옮기다 보면 그 일부는 바다로 떨어지게 된다. 이렇게 떨어진 석탄이 파도에 밀려 해안가까지 오면 가난한 사람들이 이것을 주워서 시장에 판다.

'아, 저급 탄을 수입하는 것보다 그것을 그 자리에서 고급 탄으로 가공해서 갖고 오면 운송비가 절약되겠구나.'

그 풍경을 보면서 작지만 이러한 아이디어를 얻은 것이다. 공장이 세워진다면 인도네시아 사람들에게 일거리도 마련되지 않을까? 파도에 밀려온 석탄을 줍는 사람들도 조금 더 나은 수익을 얻게 되지 않을까?

주변을 살펴보면 버려지는 코코넛 부산물도 다 쓸 데가 있다. 꽃집에 가면 딱딱한 코코넛 껍질은 장식품으로, 혹은 화분으로 쓰이고 있다. 이 세상에는 쓸모없는 것이란 없다. 다만 아직 쓰임을 받지 못해서 쓰이지 못하는 것들이 있을 뿐이다. 그것이 내 눈에 띄어 필요한 곳으로 가기를 기도한다.

어떻게 보면 이것은 새로 눈을 뜨기 시작하는 글로벌 사업 마인드인지도 모른다. 몽골에 가면 몽골이 가지고 있는 것들이, 가나에 가면 가나가 가지고 있는 것들이 보인다. 나는 그곳 사람이 아니기 때문에 객관적이고 새로운 시선을 가질 수 있다. 그리고 그것을 연결하는 것은 그동안 살면서 내가 만든 거미줄 같은 네트워크일 것이다.

뉴욕에 사무실을 둔 국제컨설팅 회사가 있다. 내가 사업할 때 도와준 사람들, 그리고 알게 된 사람들 등 전 세계에 흩어져 있는 수많은 사람들이 그 회사의 일원이다. 나는 그들과 함께 일하고 있다. 사업할 때 알았던 사업가 친구들이 나를 자신들이 하는 일로 이끌고 있다. 우리가 하는 일은 필요한 사람과 조직을 서로 연결해 주는 일이다. 고속도로나 관로 건설, 공장 건설 같은 건설뿐 아니라 선박, 농업, 군사용, 식품, 특허 상품, 사소한 아이디어 상품까지 다루는 업종은 그야말로 수백, 수천 가지다. 어느 나라에서 필요한 물품을 요구하면 그 업체를 찾아 연결해 주는 것이다. 통역 등 부대 서비스가 필요하면 그것을 수행함으로써 수요자와 공급자를 연결한다. 빈손인 것처럼 보이는 내가 가진 건 눈에 보이지 않는 사람의 네트워크다. 처음부터 내가 이 일을 원했던 것도 아니며 이러한 일이 있다는 것조차 몰랐다. 그런데 어느 순간 네트워크가 만들어져 있었고, 나도 모르는 사이에 그 일을 하고 있었다.

비행기가 착륙하기 직전 나는 설렌다. 글로벌이 바로 눈앞에 보이기 때문인데, 나에게 있어 이 글로벌은 희망을 나누는 연대를 위한 바탕이다. 나는 늘 눈에 보이는 것만큼 깨달음을 얻는다는 믿음을 가지고 있었다. 넓게 보면 그만큼 넓게 알게 된다는 것이다.

'저에게 일꾼으로서의 자질을 주셔서 감사합니다. 세상에 필요한 일들을 발견해서 필요한 사람들과 끊임없이 나누고 싶습니다.'

세상에 버려진 것들, 버려졌다고 생각하는 것들을 모아서 쓰임을 발견하는 것, 이러한 일은 앞으로도 무궁무진하게 많다. 무엇보다 세상에는 쓸모없는 사람도 없다. 그러니 우선 무슨 일이든 도전부터 할 일이다.

살면서 배워야 하는 것들이 진짜 인생 공부

비즈니스를 하다 보면 다양한 말들을 접하게 된다. 어떤 말을 하는가가 그 사람이 어떤 세계에 있는가를 말해 준다. 전문용어들은 나날이 복잡해지고, 새로 만들어져서 일반인들이 접하기에 어렵다. 한국에 와서 헬기를 만드는 공장에 가서 통역을 한 적 있었다.

"공대 나오셨습니까? 어떻게 기술적인 용어들을 막힘없이 전문 통역보다 잘합니까?"

"우리 전문 통역사보다 나은 것 같습니다. 어떻게 그렇게 대화의 흐름을 잘 잡아내십니까?"

나는 말을 통역한 게 아니라, 그들의 요구를 통역했다. 그들이 원하는 게 무엇인지 알아서, 그 점을 중점적으로 설명해 나가면서 통역한 것이다. 그것은 순전히 나의 모험 DNA 덕분이다. 다양한 영역의 사람들과 끊임없이 교류해 가면서 쌓인 노하우는 이렇게 현장에서 빛을 발한다.

모험 DNA는 살면서 꼭 필요하다. 누구나 절실히 필요하면 대부분 반드시 익히게 된다. 익히지 않으면 그만큼 어렵게 살 수밖에 없다. 따라서 어려움 없이 살고 싶으면 배우는 걸 두려워하면 안 된다. 배우는 건 그것이 무엇이든 한순간의 두려움만 뛰어넘으면 배워진다.

나는 세무 공부도 했다. 미국에서 살려면 가장 필수적인 지식이 세무다. 아무리 작은 사업을 하더라도 한 달에 한 번씩 세무서에 보고를 해야 하는데, 그렇지 않으면 탈세범으로 구속되는 등 엄청난 불이익을 당한다. 처음에 조이패션을 운영할 때는 혼자서 세무서에 직접 신고를 했다. 나중에는 사업장이 다섯 군데로 늘어나서 세무사에 의뢰하지 않을 수 없게 되었지만, 그때도 세무사에게 필요한 서류를 챙겨 주는 것은 내가 직접 했다.

무역 등 비즈니스에 관계된 일들은 친구들이 친절하게 가르쳐 주었다. 내가 서류와 하나하나 씨름할 때마다 20년, 30년씩 사업한 베테랑 지인들이 발 벗고 나서서 도와주고 가르쳐 주었다. 그러다 보니 나는 무슨 일이든 할 수 있게 되었다.

살기 위해서 배우게 되는 것은 그 간절함 때문에 더욱 쉽게 배울 수 있다. 또한 노력하는 사람에게는 옆에서 도와주고자 하는 사람이 늘 있다. 법정 용어를 배울 때는 법률 사무소에서 비서를 했던 판사

부인이, 사업할 때는 친구들이, 무역을 할 때는 사업할 때 알게 된 친구들이 도와주었다. 누구나 곤경에 처한 사람을 도와주고 싶어 하는 마음을 가지고 있기 때문이다. 그 친구들은 나에게 수십 년 동안 시행착오를 겪어 가면서 배운 것들을 고스란히 가르쳐 주었다. 그 지식을 돈으로 따진다면 어마어마한 액수가 될 것이다.

값없이 받는 공기나 햇빛처럼 값없이 배우는 지식이 어쩌면 더욱 귀한 것이다. 세상을 살아가는 데 겸손한 마음과 감사하는 마음만 있다면 배우지 못할 것이 없다. 반대로 오만하고 빳빳하면 친절을 거둬들인다는 사실만 알면 무엇이든 배울 수 있다.

상냥함이 권력보다 강하다

나는 늘 사람들에게 줄 작은 선물을 준비한다. 받기에 부담되지 않는 것들이지만, 그들에게 딱 어울리는 것이다. 선물하는 마음은 절대로 작지 않다. 사소한 일상 속에서도 그를 잊지 않았다는 뜻을 전달하기 때문이다.

로열블루라고 하는 푸른색 스카프를 보는 순간 종종 안부를 물으며 지내는 한 정치인 부부가 떠올랐다. 그들을 위해 한국으로 소포를 보냈다. 이후에 그 스카프는 오랫동안 뉴스와 신문의 사진에서 볼 수 있었다.

멀리 있는 경우라면 친절한 안부 한마디만으로도 정을 나눌 수 있다. 방송하면서 만난 연예인들과도 오랫동안 안부를 주고받고 있다.

좋은 일이 있을 때보다 나쁜 일이 있을 때 챙긴다. 좋은 일이 있을 때는 나 말고도 챙길 사람이 많을 것이기 때문이다.

그래서인지 나는 한 번 관계를 맺은 사람은 10년, 20년, 30년, 40년씩 관계를 유지한다. 관계가 유지되는 사람들의 숫자도 점점 많아진다. 한때는 내 전화번호부에 기록된 사람이 4,000명가량 되었다. 크리스마스 때는 손으로 쓰는 카드만 300장이 넘었다. 크리스마스 한 달 전부터 내 책상 위에는 카드가 쌓여 있다. 의례적인 인사가 아닌 받는 사람에게 딱 맞는 글귀를 고르기 위해서 한참을 생각하기 때문이다. 생각나는 사람에게는 수시로 전화하고, 메일도 보낸다. 현재도 카톡을 2,000여 명과 주고받는다. 그러다 보니 하루에 한두 시간은 안부를 묻느라 훌쩍 지나간다.

내 친구들은 일과 관련된 사람이 아니다. 대부분은 내가 도움을 주어야 하는 사람들이다. 그런데 서로 안부를 주고받다 보면 일이 또 만들어지기도 한다. 끈끈하게 만들어진 관계가 일을 가져다주는 경우도 있다. 예전에는 그다지 영향력 있던 사람이 아닐지라도 세월이 지남에 따라서 영향력 있는 사람이 되기도 하기 때문이다. 젊었을 때 알던 사람들은 나중에 보면 높은 직급이 되어 세상에 영향력을 끼치고 있다.

그러나 그들은 여전히 나의 상냥한 친구들일 뿐이다. 무슨 일이 있을 때 나에게 안부를 물어 주고, 나의 편이 되어 줄 사람, 그리고 나와 함께 같은 신념을 가지고 세상을 바꿔 나가는 동지들이다. 한

마디로 세상을 향한 나의 군대다. 이들이 있는 한 세상은 외롭지 않고 나는 많은 일을 할 수 있을 것이다.

그들과 정을 이어가는 방법은 말 한마디, 작은 친절, 초콜릿이나 사탕, 머그잔, 꽃 같은 작은 선물이다. 관심은 때로 권력보다 강하다. 세상을 움직이는 힘을 가진 친구들의 마음을 움직이기 때문이다.

수호천사들이 에워싸고 있었네!

이제 와 돌이켜 보면 내 인생에는 수많은 수호천사들이 있었다. 당시에는 깨닫지 못했지만 그 천사들이 나를 인도했고, 위기의 순간마다 도와주었음을 깨닫게 되었다.

서울에 처음 올라왔을 때 나는 낯선 집 문 앞에 서서 문을 두드렸다. 나는 그때 서울대병원 중환자실 수련을 앞두고 있었다.

'이 근처, 그러니까 혜화동에 집이 있다면 참 좋겠다.'

서울대학교병원에서 나오면서 이런 생각이 절로 들었다. 수련이 혹독한 만큼 병원 근처에 살면 출퇴근 시간을 줄일 뿐 아니라 몸도 편할 것 같았다. 나는 집을 구하기 위해서 부동산 중개소에 가지 않고, 병원 근처를 돌아다니다 마음에 드는 집의 벨을 눌렀다. 깨끗한

데다 정원이 가장 아름다운 집이었다. 대문을 열어 준 사람은 오씨 할아버지였다.

"안녕하세요, 저는 경주 안강에서 올라온 황경애라고 합니다. 혹시 방을 한 칸 세 주실 마음은 없으세요?"

"할머니하고 둘이 사는데, 방을 세 놓을 생각은 한 번도 안 해 봤는데…."

"지방에서 올라와서 아직 서울 지리가 익숙지 않은데요, 제가 근무하는 병원이 바로 요 앞이라 출퇴근하기 좋을 것 같아서 실례를 무릅쓰고 여쭤 봅니다. 그리고 정원이 정말 아름답습니다."

정원의 가치를 알아봐 준 눈이 있다는 데 할아버지는 호감을 표했다. 남의 집 벨을 누를 만큼 당돌한 처녀긴 하지만 시골 출신이라 순진해 보이는 인상도 세입자로 들이는 데 한몫했을 것이다.

집은 넓었고 마침 비어 있는 방도 있어서, 그 집은 곧 나의 보금자리가 되었다. 얼마 되지 않아서 집주인 할아버지와 딸 같은 관계가 되어 버렸음은 물론이다. 퇴근해서 집에 오면 말벗이 되어 드리고, 길에서 맛있는 게 보이면 사 오기도 했다. 모시고 공연도 보러 다니고, 편찮으시다고 하면 병원에 모셔다 드리고 약도 사다 드렸다. 그러다 보니 멀리 있는 아들들보다 더욱 살갑게 되어 서울대학교병원에서 수련을 받는 동안 그 집을 떠나지 않았다. 할아버지, 할머니만 나에게 정이 든 것이 아니라 대가족 안에서 살아온 나도 할아버지, 할머니에게 육친의 정을 느꼈다. 미국에 간다고 했을 때 가장 서운

해한 사람은 할아버지, 할머니였다. 나중에 한국에 왔을 때 찾아갔더니 돌아가셨는지 다른 사람이 살고 있었다.

미국에 처음 갔을 때도 나는 서울에서처럼 몇 사람들로부터 무조건적인 도움을 받았다. 병원 근처에 한인 교회가 없어서 미국인 교회에 갔다. 처음 교회에 갔을 때 "자매님을 환영한다"는 말이 낯설게 들렸다. 아마도 백인들 틈에서 나만 피부색이 짙어서 더욱 그랬는지도 모르겠다. 만약에 그들이 모른 척했다면 구석에 오도마니 앉아 있었을지도 모른다. 그러나 나는 늘 그들의 관심 안에 있었다.

"우리는 하나님 안에서 자매입니다."

그분들은 나를 볼 때마다 그렇게 말하고, 정말로 자매처럼 살뜰히도 보살펴 주었다.

케이티는 내가 다니던 미국인 교회에서 만난 자매로, 자신의 집에 나를 와 있으라고 했을 뿐 아니라 밥까지 챙겨 줬다. 일찍 일어나서 아침마다 출근하는 나에게 사람 좋은 미소를 지으며 물었다.

"계란을 어떻게 먹을까? 스크램블로 먹을까?"

"그래."

사실 나는 예스밖에 할 줄 몰랐다. 계란 요리가 그렇게 다양하다는 것을 그때는 미처 몰랐다. 찐 계란, 삶은 계란, 반숙, 완숙, 프라이만 해도 모양에 따라서 여러 가지 이름이 있다는 걸 알 리 있겠는가. 그녀는 예스맨인 나 덕분에 한 달 동안 아침을 스크램블로만 먹었다. 그러면서도 아침마다 웃으면서 "어떻게 먹을래?"라고 물어봐 준 그녀의 인내력에 감탄을 보낸다.

그녀는 내가 미국 생활에 적응할 수 있게 많은 것을 알려 주었다. 무엇보다 낯선 병원 생활과 미국 생활을 하는 데 있어서 그녀는 든든한 버팀목이 되어 주었다. 가족을 떠나 혼자 달랑 태평양 너머에 떨어져 있다고 생각하면 너무나 막막하지 않겠는가. 내 편이 되어 주는 사람, 내 친구가 되어 주는 사람이 무엇보다 필요할 때 케이티가 있어 주었던 것이다.

그녀와 나의 인연은 같은 교회에 다닌다는 것 말고는 없었다. 언젠가 그녀를 다시 만나고 싶었지만 결혼을 한 뒤 성이 바뀌는 바람에 수소문조차 안 되었다. 나는 케이티를 찾는 대신 케이티가 내게 해 주었던 일을 똑같이 하기로 했다. 32년 동안 수많은 사람들에게 우리 집 방을 내어 주었던 이유는 그 때문이다.

또 다른 한 사람은 팸 니들이다. 오하이오에서 뉴욕으로 가는 길에 눈보라를 만난 적이 있다. 칠흑같이 어두운 밤, 눈보라는 꿈틀거리는 거대한 짐승 같았다. 눈앞이 안 보일 정도의 기상 악화로 비행기가 많이 연착되는 바람에 대중교통이 다 끊어졌다. 택시는 야간 할증 요금에다가 다른 주로 가야 하니까 왕복 요금을 요구했다. 미국에 온 지 얼마 되지 않을 때라 그 만한 비용을 지불할 형편이 아니었다. 그야말로 나는 황량한 들판 한가운데 혼자 서 있었다. 와락 두려움이 엄습했다. 영어도 서툴렀고 지리는 더더구나 서툴렀다.

그때 팸이 공항에 마중 나온 남편과 함께 다가와 나를 집까지 데려다 주겠다고 했다. 날씨도 사나운데 낯선 곳에 여자 혼자 둘 수 없다는 이유에서였다.

팸은 키가 큰 멋쟁이로 신앙심이 두터운 여자였는데, 알고 보니 맨해튼에서 모델 일을 하고 있었다. 팸 덕분에 밤에 길을 잃어버리지 않고 집에 무사히 올 수 있었다. 팸은 그날 자신이 가지고 있던 영어 성경책을 선물로 주었다. 이후 팸이 런웨이에 선 모습을 보고 싶긴 했지만 기회가 닿지 않았다.

30년이 지난 지금까지 이름과 성을 정확하게 기억하는 것을 보면 그날 밤 팸이 나에게는 하늘에서 내려온 천사처럼 고마운 존재였기 때문일 것이다.

'은혜는 돌에 새기고 원수는 흐르는 물에 새기라'는 말처럼 은혜는 오래오래 기억해야 한다. 일면식도 없는 사람들이 삶의 어느 길목에서 만나 평생 동안 기억되는 인연을 만드는 것. 은혜가 있으면 그런 기적 같은 일도 일어난다.

이외에도 내가 미국에 처음 왔을 때 이렇게 무조건적인 도움을 받은 경우가 아주 많다. 미처 이름을 물어볼 겨를도 없이 헤어진 사람도 많다. 선의의 도움을 나누는 사람들이 많아져야 하는 이유는, 두려움 속에서 길을 잃는 사람이 많기 때문이다. 도와준다는 건 일방적으로 베푸는 것을 뜻하지 않는다. 이렇게 오래 기억한다는 건 그를 위해 많은 축복을 해 준다는 말이 되기 때문이다. 이름을 모르더라도 축복을 받을 수 있다. 설령 내가 빠뜨렸다고 하더라도 나를 귀하게 여기시는 하나님이 내게 손을 내밀어 준 사람의 얼굴을 잊지 않으실 것이다.

나도 누군가를 위해 조건 없이 도와주는 사람이 되려고 노력한다. 사람이 사람을 도와주는 데 무슨 이유가 있겠는가? 분명 나와 어떤 식으로든 연고가 있는 사람을 도와주는 것이 아무런 연고도 없는 사람을 도와주는 일보다 훨씬 쉽다. 그리고 인생에서 이렇게 짧은 시간 만나지만 의미 있는 인연으로 기억되는 사람은 또 얼마나 아름다운가. 그것은 소리 없이, 모습도 없이, 그러나 항상 뒤에서 나를 보살펴 주신 하나님을 닮아 가는 방식이다.

좋은 이웃으로 살아간다는 것

한동네에 20년을 살다 보면 타향도 정이 든다. 우리 동네는 20년 전에 처음 만들어진 동네다 보니 다들 비슷비슷한 시기에 이사를 왔고, 고만고만한 나이의 아이들을 키우고 있었다. 전형적인 백인 동네에 우리만 동양의 민들레, 한국인이었다. 13년 동안 외할머니는 감자전을, 나는 갈비를 구워 온 동네에 돌리는 사이 아이들은 훌쩍 자랐다. 슬픈 일이 있을 때 밤새 같이 있어 주기도 하고, 함께 한국 식당에 가기도 하면서 좋은 친구이자 이웃으로 살고 있다.

막내딸이 하버드대학교에 합격 통지를 받은 날, 우리 집 현관문은 열려 있었다. 동네 사람들이 쿠키며 케이크를 구워서 꽃다발을 들고 축하하러 왔다. 다들 우리 동네에서 하버드대학교에 간 건 조이가 처음이라며 무척 기뻐했다. 어떤 백인 엄마는 자기 주위에서 하버드 대학교에 간 사람은 처음 본다고 하며 눈물을 흘렸다.

동네 아이들치고 우리 집 아이들의 보살핌을 받아 보지 않은 아이는 없었다. 우리 아이들은 동네의 베이비시터였다. 다들 우리 집에 와서 숙제도 하고, 같이 놀기도 했다. 우리 집 세 아이들은 동네 아이들의 롤모델 노릇을 했다. 동네 아이들이 A를 받아오면 다들 그레이스나 존, 조이의 이름을 대며 이들 덕분이라고 했다.

동네의 산파였던 어머니처럼 나는 동네의 간호사였다. 아이가 태어났을 때 어떻게 보살펴야 하는지 가르쳐 주기도 하고, 한국과 달리 병원에 가는 것이 쉽지 않다 보니 간단한 처치가 필요한 건 나한테 달려왔다. 한밤중에 아이가 아파서 안고 병원에 달려갈 때, 집에 남겨진 아이를 맡는 것도 내 몫이었다. 앞집 애가 경기를 일으켜 쓰러졌을 때 내가 응급처치를 한 적 있는데, 그 아이는 평생 나를 자신의 은인이라고 부른다. 그러다 보니 동네 아이들의 신상명세서를 모두 꿰고 있었다.

그러나 어느 순간부터 우리는 그 집을 떠나야 할지도 모른다는 생각이 들었다. 몇 년 전에 우리 가족은 네 개의 대륙에 걸쳐 각각 흩어져 있었다. 큰딸은 미국, 아들은 터키, 막내딸은 남미, 나는 한국에 있던 적이 있었다. 그해 설날에 우리는 터키에 모여 함께 새해를 맞았을 정도다. 네 식구가 가장 적게 움직이면서 다 만날 수 있는 곳이 동양과 서양이 만나는 터키였다. 그러다 보니 이제는 집이 있어도 그만, 없어도 그만인 사람들이 되어 버렸다. 나의 입장에서는 오히려 집이 있으면 관리하느라 더욱 힘만 들었다. 정이 든 집이지만 팔려고 내놓았다. 집을 판다는 팻말이 집 앞에 세워진 걸 발견한 이웃들은 번갈아 찾아와서 간청했다.

"제발 이사 가지 마. 우리 동네에서 그레이스네가 없다는 건 상상할 수 없어."

"우리 동네의 좋은 기운이 되어 주고 있어. 자라는 아이들에게 그레이스네는 롤모델이야."

"집의 관리가 어렵다면 우리가 도와줄게."

나도 그들과 헤어지는 것이 못내 안타까웠다. 멀리 있는 사촌보다 가까운 이웃이 더욱 살갑다고 했던가! 이웃들은 정원의 잔디를 깎거나 나무를 잘라 주는 등 집을 관리해 주고 있다. 그뿐 아니라, 옆집의 웬디는 어머니가 살아 계셨을 때 꽃을 좋아하는 어머니를 위해 자신의 돈을 들여 장미 정원을 만들어 주었다. 땅을 파서 거름을 잔뜩 넣고, 색색깔의 장미를 심었다. 어머니가 돌아가신 뒤에도 웬디 덕분에 장미를 보며 나는 기운을 회복할 수 있었다. 장미 정원은 여전히 달콤한 향기로 사람들을 매혹시키고 있다.

나의 이웃 중에는 우리 집에서 조금 떨어진 스톤마운틴 공원의 마블 할머니가 있다. 공원에는 732개나 되는 종으로 된 캐롤리언이라는 벨이 있는데, 바로 이 캐롤리언을 35년간 연주하시는 분이 마블 할머니다. 스톤마운틴 공원의 벨은 아마도 세계에서 유일한 악기일 것이다. 1964년 뉴욕에서 열린 세계 박람회가 끝난 뒤 코카콜라사가 애틀랜타 시에 기증한 악기로, 겉모양과 소리를 내는 법은 파이프오르간과 같은데 소리는 벨 소리가 난다. 코카콜라는 애틀랜타에서 만들어지고 성장한 대표적인 기업으로, 자신을 있게 한 고향 마을 사람을 기쁘게 하려고 이 악기를 기증한 것이다.

나는 마블 할머니께 악보를 선물한 적 있는데, 그 이후부터 내가 가면 아리랑이나 애국가 등 한국 노래를 연주해 주신다. 마블 할머니는 애틀랜타 올림픽에 참가하기 위해 북한의 태권도 선수들이 왔을 때, 북한 국가와 휘파람 같은 북한 노래를 연주해 주셨다. 북한 선수들은 감동한 나머지 서로 끌어안고 울었다. 나를 '스위티'라고 부르며 손을 꼭 잡아 주시는 할머니야말로 사실은 꿀 사과 같이 너무나 달콤한 가슴을 가진 분이시다.

마블 할머니의 레퍼토리는 늘 정해져 있다. 주일에는 찬송가, 그리고 평일에는 재즈나 클래식 곡들이다. 연주를 마칠 때는 마지막에 꼭 〈주 하나님 지으신 세상〉을 연주해 주신다. 이 찬송가 연주를 들으며, 우리는 그녀가 자신의 하루를 완성했다는 것을 느끼고 편안히 집으로 향한다.

그밖에도 나와 우리 가족에게는 수많은 이웃들이 있다. 그들은 진심으로 우리 가족을 사랑해 주고, 우리 가족도 진심으로 그들을 사랑한다. 그들은 또한 머나 먼 이국땅에서 사랑받는 것보다 사랑하는 것이 더 좋다는 것을 알게 해 준 사람들이기도 하다.

이루어진 꿈, 이루어 가는 꿈

나는 시골의 작은 마을에서 자랐기 때문에 농어촌 교회를 섬기고 싶은 마음이 항상 있다.

한 번은 어떻게 한국의 농어촌 교회와 미자립 교회들을 섬길까 생각하다가, 우리 아이들을 키웠던 것처럼 작은 교회의 아이들을 품고 싶어졌다. 내 아이만 잘 키우는 것이 아니라 다른 아이들에게도 넓은 세상에 대한 도전과 함께 기회와 꿈을 주고 싶었다. 그래서 여름방학과 겨울방학이면 농어촌, 미자립 교회의 목회자 자녀들을 초청해 영어캠프를 갖거나, 또는 직접 교회를 방문해 그곳에서 세미나를 열어 나의 경험과 삶의 지혜를 나누기 시작했다. 산골의 작은 교회들은 외부로부터 도전받기 어려운 곳이라 더더욱 섬기는 마음으로 찾아간다. 작고 소외된 사람, 연약한 아이들에게 더 따뜻한 마음을 쏟으셨던 예수님의 마음을 느끼면서 말이다.

누군가를 섬기는 것은 마음뿐 아니라 돈과 시간을 필요로 한다. 그러나 내가 작은 산골을 벗어나 큰 세상을 보며 꿈을 키웠던 것처럼 그들도 넓은 세상을 보고 꿈을 키웠으면 하는 바람에 멈출 수가 없다. 어린 시절 내가 그랬던 것처럼 그들이 지금은 무모해보일지언정 꿈을 가슴에 품는 순간 꿈은 그들의 삶의 길을 이끌어간다고 믿기 때문이다.

내가 이렇게 자신 있게 꿈이 최고의 자산이자 선물이라고 말할 수 있는 이유는 나의 삶으로 그것을 증명했기 때문이다.

어릴 적 나는 꿈 많은 소녀였다. 차도 없던 그 시절, 서울 한번 가보기도 힘들던 그때, 세계 일주를 하겠다는 내 꿈은 50대의 지금 이루어져 나는 전 세계를 다니면서 강연을 하고 있다. 웬만한 나라에서는 영어로 강연을 할 수 있는데, 외국어를 뒤늦게 배운 내가 이 정도 실력을 갖추게 된 것도 기적이다.

또한 경상도 시골에서 태어나 사투리를 쓰면서도 TV에 나오는 사람이 되고 싶다고, 특히 아나운서가 되겠다고 꿈꾸었는데, 그 꿈대로 미국에서 생방송 진행자가 되었다. 그 후 나는 내 이름을 내건 프로그램을 진행하고 싶다는 새로운 꿈을 꾸었다. 그리고 CTS 방송에서 "황경애 사모의 성경적 자녀교육"이라는 프로그램을 진행하기도 했고, 요즘은 "황경애 사모의 자녀를 위한 기도"라는 프로그램을 진행하고 있다. 국내 공중파 방송뿐 아니라 해외 방송에까지 출연할 기회를 갖기도 했다.

시 쓰기를 좋아해서 동요나 동시대회에 나가고는 했는데, 1999년에 시인으로 문단에 등단도 하고 시집도 세 권이나 낼 수 있었다. 문학소녀였던 만큼 나도 다른 사람들에게 감동을 전하는 책을 쓰고 싶다는 꿈을 꾸었는데 지금 이렇게 세 번째 책을 쓰고 있다. 한인 방송국에서 일할 때 초청된 연예인들이 팬들에게 사인을 해 주는 것을 보면서 나도 언젠가 사인을 해 주는 사람이 되고 싶다는 꿈을 품었는데, 출간 후 하루에 1,000여 명의 사람들에게 사인을 해 준 적도 있다. 이렇게 나의 삶은 꿈이 이끌어 왔고, 불가능해 보였던 꿈이 실현되는 것을 경험했다.

이제 나는 나의 남은 꿈이 아프리카에서 이루어져 가고 있는 것을 설레는 마음으로 지켜보고 있다. 아주 오래전에 꾸었던 꿈, 사느라 바빠 잠시 잊혔던 꿈이었지만 꿈의 씨앗은 죽지 않고 언젠가 아름답게 피어날 준비를 하고 있었던 것이다.

학교 100개, 우물 100개를 만들게 해 주세요

아프리카 선교사가 되는 것. 초등학교 때 읽은 슈바이처 전기에 감동해서 아프리카에 가서 선교사가 되기로 마음먹었다. 나의 계획대로였다면 사우디아라비아에서 3년을 선교한 다음 아프리카로 갔을 것이다. 그러나 나는 미국으로 갔고, 결혼하고 그곳에서 아이 셋을 낳아 길렀다. 하지만 검은 대륙 아프리카는 내 마음속에 있었던 모양이다.

큰딸이 고등학교 3학년 때 아프리카에서 오신 선교사님의 간증을 듣고 나는 가슴이 두근거렸다. 간증을 듣는 순간, 빛나는 아프리카 대륙이 눈에 보이는 듯했다.

"내가 지금 그곳에 가지 못해도 성전 짓는 것은 할 수 있겠구나."

그렇게 생각하고, 아이들의 이름으로 1만 달러를 성전을 짓는 데 헌금했다.

그리고 만 4년쯤 뒤에, 드디어 막내딸을 하버드대학교에 보내고, 아프리카 행 비행기를 타게 되었다. 2008년 9월 3일, 애틀랜타 공항으로 아프리카 가나 선교팀이 속속 모여들었다. 뉴욕 케네디 공항에서 가나의 수도 아크라 행 비행기로 갈아타자 아프리카로 가는 게 실감이 났다. 영어도 프랑스어도 아닌, 아프리카 말들이 귀에 쏟아져 들어오기 시작했다.

나는 42년 만에 기도의 응답을 받은 것이다. 어머니가 돌아가신 2007년은 죽을 만큼 힘들었지만, 그럼에도 나를 살려 주신 하나님께 감사하며 2008년을 희년으로 선포하자 이렇게 기쁜 일만 생겼다.

아프리카 선교팀을 이끈 박은생 목사님은 20여 년 전에 아프리카에서 선교사로 계셨던 분이다. 아프리카에서 7년쯤 선교하셨을 때 실명 위기를 맞아 안과 수술을 받기 위해서 미국에 나왔다가 애틀랜타에 정착하신 것이었다.

가나의 수도 아크라에 도착한 다음 날 우리는 타말레라는 곳으로 향했다. 우리를 데려다 줄 경비행기는 털털거리는 시골길을 달리는 버스처럼 두 시간 동안 요동을 쳤다. 가다가 서지 않는 게 신기할 정도였다. 얼마 전에 비행기 한 대가 추락해서 탑승객 전원이 사망했다는 소리를 들었지만, 아프리카를 향한 나의 감동을 막을 수는 없었다. 하늘에서 바라본 아프리카 평원은 초록색 벨벳을 깔아놓은 듯했다.

우리를 맞아준 사람은 아부가리 목사님이었다. 바로 박은생 목사님이 뿌려놓은 기도의 씨앗이었다. 박 목사님은 20여 년 전에 아부가리라는 꼬마에게 태권도를 가르치며 전도를 했는데, 그 아이가 자라서 고향땅을 지키고 있었던 것이다. 태권도를 배우기 위해서 교회에 왔던 아부가리는 박 목사님이 떠난 뒤에 네덜란드의 신학교에 가서 공부했다. 장난꾸러기 아부가리의 기적은 그 뒤에 펼쳐졌다. 네덜란드 선교사와 결혼해서 고향 마을에 돌아와 100개가 넘는 교회를 개척해 놓은 것이다. 신자의 수는 이미 수천 명을 넘어섰다. 원주민들을 지도자로 육성하기 위해서 훈련도 하고 있다.

나는 그곳에서 또 한 사람의 놀라운 씨앗을 만났다. 가나에 온 지 12년 된 한국인 선교사였다. 헌신의 씨앗을 뿌리고 있는 한국인 선교사님을 보고, 나도 사랑의 씨앗을 뿌려야겠다는 결단을 했다.

아프리카 아이들을 위해서 우물 100개를 파겠다고 결심한 건 아이들의 눈물을 보고서다. 막상 현지에 가서 흙탕물을 보니 나는 아무리 죽어 가더라도 저 물을 먹을 수 없겠다는 생각이 들었다. 그들이 샘이라고 부르는 건 내가 피해 가는 길바닥의 작은 물웅덩이였다. 물을 먹지 않으면 죽지만, 너무 더러워 먹을 수 없는 현실. 땔감이 없어서 더러운 물을 끓여 먹을 수도 없다. 깨끗한 물만 먹어도 죽지 않을 사람들이 더러운 물을 먹고 병이 들어 죽어 간다는 걸 생각하니 우물을 파지 않을 수 없었다. 나도 하던 사업을 모두 접어 가진 건 없었지만 나는 그들의 절망만큼 깊은 우물을 파겠노라고 다짐했다.

아프리카에서 우물 파기를 많이 하고 있지만 현실적으로 우물 파기는 쉽지가 않다. 길도 없는 곳에 장비가 들어오는 것도 어렵고, 수맥이 잘 잡히지 않아서도 어렵다. 몇 군데 시추해 보고 겨우 물이 나오는 데를 잡기도 하지만, 끝내 잡아 내지 못하는 경우도 있다. 아프리카에서 물은 인간이 원한다고 주어지는 것이 아니다.

학교를 짓는 건 더욱 난감하다. 자재를 산다고 해도 배달이 용이하지 않다. 힘겹게 길이 나지 않은 곳에 도로를 내며 들어가면, 이번에는 사람들이 자재를 조금씩 집어 가서 자기들의 집을 고치는 데 사용한다. 마을 사람들의 집이 다 고쳐지면 그제야 학교가 지어진다. 그래서 지어진 건물을 보면 허술한데 그동안 들어간 돈은 꽤 많다. 아프리카에 길을 내고 사람들 사이에 조금씩 스며들어 갔기 때문이다.

'교회를 100군데 짓게 해 주세요.' '교회 옆에 우물도 100개 파게 해 주세요.'

우선은 건기를 견디게 우물을 파 주고, 교회를 지으면 그곳이 평일에는 학교가 될 것이었다. 나도 모르게 하늘에서 초지를 내려다보고 한 기도가 나의 삶을 바꾸게 할 줄은 몰랐다. 사랑받은 자의 의무는 사랑을 하는 것이다. 은혜를 받는 삶도 풍성하지만 은혜를 갚아 가는 삶은 또 얼마나 풍성하겠는가.

나는 어머니를 기념하는 교회를 에덴동산 같이 아름다운 곳에다가 하나 지었다. 그곳은 다곰바 족이 사는 마을이다. 그곳으로 가는 데는 길도, 차도 없어 오토바이 뒤에 매달려 한 시간 정도 달려서야 도착하는 곳이다. 어머니의 교회가 완공되어 그곳을 찾았을 때, 맨발의 까만 아이들은 우리 주위로 몰려와서 연신 고맙다고 인사했다. 현관을 들어서는 순간, 눈물을 주체하지 못할 정도가 되었다.

"경애야, 다곰바 마을까지 오느라 고생 많았다."

쾌활한 어머니의 목소리가 들려오는 듯했다. 어머니라면 능히 그런 말씀을 하실 터였다.

아프리카는 대부분 무슬림의 땅이다. 영국의 식민지였던 곳은 그래도 학교나 교회가 들어섰지만 프랑스의 식민지였던 곳은 모두 무슬림이 되었다. 원주민 여자들은 웃통은 훌러덩 벗은 채 치마만 입고 있고 남자들은 바지만 겨우 걸치거나 어린 아이들은 아랫도리도 제대로 가리지 못하고 있었다. 어머니의 교회가 있는 가나는 바로 그런 가난하고 외면당한 나라다.

"이곳에다 앞으로 계속 성전과 우물 파는 일을 하겠습니다."

나는 이렇게 약속하고 미국에 돌아가자마자 성전 건축 헌금을 보내드렸다. 현지 선교는 못하지만 선교사님들을 돕는 손은 되겠다는 마음이었다.

어머니는 그곳에서도 아름다운 분들과 함께 계셨다. 까만 얼굴들 사이에 백인 여자의 얼굴도 한 사람 끼여 있었다.

"여기 언제부터 와 계셨어요?"

"35년!"

팻이라고 자신을 소개한 그분은 위클리프 성경 번역 선교사였다.

대학을 졸업한 뒤에 바로 이곳으로 온 그분 덕분에 신약과 구약 모두 원주민어로 번역되었다. 결혼도 하지 않고 여자로서의 행복을 내려놓은 그분의 헌신과 사랑에 가슴이 먹먹해졌다.

이후 나는 마을 사람들을 위해서 우물을 몇 개 더 팠다는 이유로 그 지역 추장의 초청을 받았다. 어머니가 소천한 지 1년 뒤에 세 아이를 키운 이야기를 책으로 썼고, 그 책의 수익 전부를 아프리카로 보냈다. 그랬더니 추장이 상을 줄 것이니 오라고 한 것이다. 이곳의 추장은 그 종족들에게 왕과 같은 존재였다.

이 소식을 전해 준 사람은 나에게 '영광으로 알라'고 했다고 한다. 그곳의 여자들은 추장의 얼굴을 한 번도 본 적이 없는데, 외국인 여자가 감히 추장을 가까이에서 알현하게 되었으니 엄청난 영광이라는 것이다. 나는 그 소식을 듣자 웃음이 절로 났다. 그가 아무리 넓은 땅을 소유하고 있다고 하더라도, 그의 권능은 한줌 흙과 같은데….

선교사님은 나에게 추장을 만날 때의 주의사항을 미리 말해 주었다. 추장이 무슬림이기 때문에 몸을 옷으로 다 감출 것, 절대로 고개 들고 추장의 얼굴을 바라보지 말 것 등이다.

추장을 만나러 마을로 들어간 날, 마을에는 축제가 벌어졌다. 우물을 파는 장비가 들어왔기 때문이다. 도로가 없다 보니 장비가 들어오는 것 자체가 어려운 일이다. 우물물을 봉지에 담아서 사 먹어야 하는 사람들에게 아무리 마셔도 공짜인 우물이 생기게 되니 어찌 기쁘지 않겠는가.

"에스더!"

내 이름을 추장이 호명하는 것 같아서 고개를 들었더니, 나오라고 손짓을 했다. 추장은 나에게 금일봉을 주었다. 우리 돈 1만 원 정도의 금액이었지만, 원주민들이 보기에 어마어마한 영광이었다.

'어머니, 저 출세했어요. 무슬림의 추장한테서 이렇게 대접을 받았습니다.'

웃음이 터져 나오는 것을 참으며, 나는 어머니를 생각했다.

그 마을도 이제 변할 것이다. 개미 같은 사람들이 힘을 모아 지은 학교와 우물이 마을에 복음을 전할 것이다.

무슨 일이든 첫 한 발만 내디디면 된다

LA 다저스의 클레이튼 커쇼 선수는 전 세계에서 하루도 기사가 빠지지 않고 나오는 스타다. 커쇼는 우리 아들과 나이가 같다.

커쇼는 스무 살에 메이저리거에 입성한 뒤부터 계속 LA 다저스의 에이스 자리를 지키고 있다. 그는 왼손잡이 투수로, 최연소 메이저리거이자 1점대 방어율을 자랑하는 최고의 방어율 투수다. 2011년에 다승, 평균자책점, 탈삼진 부문에서 모두 1위를 차지해서 사이영상을 받았다. 전 세계 야구팬들의 이목이 LA 다저스로 쏠렸음은 물론이다.

나는 그가 야구를 잘해서 좋아하는 게 아니다. 그의 삶도 그의 야구 실력만큼이나 모범적이기 때문이다. 그는 생각을 실천으로 옮기는 힘이 뛰어난 사람이다. 아무리 좋은 생각도 품고만 있으면 소용이 없다. 결국은 실천이 중요하다. 왼발이든 오른발이든 첫 한발만 내디디면, 그 다음부터는 다른 발이 따라가게 된다.

커쇼는 어느 날, 〈오프라 윈프리쇼〉를 보다가 아프리카 아이들의 실상을 목도한다. 더러운 물 때문에 죽어 가는 아이들의 모습을 보고는 5년을 준비해서 잠비아로 단기선교를 떠난다. 아프리카 아이들의 영롱한 눈동자를 보고 까닭 모를 두근거림을 느꼈다는 것이다. 5년 사이에 청소년이었던 커쇼는 성인이 되었다. 성인이 된 뒤에도 자신의 목적을 잊지 않았다는 것은 목적이 이끄는 삶을 살게 되었다는 것을 뜻한다.

그가 그곳에서 만난 호프라는 소녀는 에이즈에 걸린 채 태어나는 수많은 아프리카 아이들 중의 하나였다. 그는 자신이 아무리 이 소녀를 돕는다고 해도 소녀의 삶을 바꿀 수 없다는 것을 느꼈다. 호프에게는 자신의 꿈을 발견하고 키워 갈 시간이 없었다. 자신의 후원이 호프를 조금은 편하게 만들어 줄 수 있을지 모르지만 근본적인 것을 변화시킬 수 없다는 것을 깨달은 것이다.

그 깨달음이 커쇼의 삶을 바꿔놓았다. 호프를 바꿔놓을 수 있는 사람은 예수 그리스도밖에 없다는 것을 깨달은 것이다. 그러자 그의 삶의 목표도 바뀌었다. 단순한 선행이 아니라, 예수 그리스도를 전하는 것으로!

커쇼는 그 이후 결혼을 하고, 다시 잠비아를 찾았다. 신혼여행지로 잠비아를 선택한 것이다. 그는 수도 루사카에 예수님을 전하는 고아원을 설립한다. 고아원의 이름은 호프의 집이다.

하나님이 커쇼의 심장을 뛰게 하신 이유는 바로 그 호프의 집 때문이다. 커쇼는 자신이 메이저리거로 마운드에 선 이유가 그 아이들을 돕기 위해서라고 말한다. 살아 있는 예배와 기도가 넘치는 곳이 바로 이 호프의 집이기 때문이다.

커쇼의 천문학적인 연봉과 성실한 훈련 자세보다 팬들에게 더욱 유명한 것은 그의 기부다. 잠비아 아이들을 위해 그는 타자에게서 삼진을 하나씩 뺏을 때마다 500달러를 기부한다. 팬들도 커쇼의 뒤를 이어 기부를 해 나가고 있다. 커쇼는 특별히 구질을 연구해서 던지지 않지만, 승승장구 승리를 이어가고 있다. 자신의 승리를 위해서 던지지 않기 때문이다. 아마도 사랑이 식은 이 시대에 직구를 던지는 주님의 지혜로 마운드에 서는 것 아닐까.

게다가 그는 시즌이 끝나면 아내와 함께 잠비아에 가서 봉사를 하고 온다. 어둠과 눈물의 땅이 생명과 기쁨이 넘치는 축복받은 땅으로 바뀌는 그날까지 자신이 받은 생명의 빛을 나누는 커쇼와 같은 사람들이 많았으면 좋겠다. 그의 직구를 볼 때마다 에너지가 넘치는 것은 아마도 그의 사랑의 힘을 느끼기 때문일 것이다. 하나님이 커쇼를 메이저리그 마운드에 세우는 이유는 눈물을 흘리는 아이들을 위해서다.

첫 한발이 어렵지만 디디고 나면 계속 승리를 향한 행진을 하게 된다. 나는 커쇼를 보며 배우고, 커쇼를 위해 기도한다. 커쇼와 같이 아프리카를 위한 더 많은 첫 걸음들이 있게 해 달라고 기도한다.

아이들의 순수함을 지켜 주고 싶다

강연하러 다니는 곳들은 대부분 오지다. 내가 묵는 숙소도 현지인의 집과 별반 다르지 않다. 아프리카든 아시아든 가난한 나라의 풍경은 비슷하다. 선교사님들의 숙소는 시멘트로 지어졌지만, 안에는 병원의 스프링 침대가 하나 있을 뿐이다.

물이 귀해서 수도꼭지에서 나온 물은 반드시 받아서 쓴다. 쓴 물은 모았다가 다시 빨래를 하거나 화장실에다 붓는다. 아프리카뿐 아니라 가난한 아시아의 나라에서도 물이 귀하긴 마찬가지다. 이런 곳에서 하루만 생활하다 보면 아마도 나뿐 아니라 누구도 우물을 파고 싶다는 생각이 간절할 것이다. 또한 그곳에 사는 아이들을 보면 교회를 짓고 싶다는 열망을 가질 것이다.

인도네시아에 있는 작은 섬에 간 적 있다. 열대 정글의 모습을 간직한 섬 머나도였다. 인도네시아는 세계에서 가장 섬이 많은 나라다. 1만 7,500여 개(어떻게 세느냐에 따라서 1만 8,000개라고 하는 사람도 있다)의 섬으로 이루어져 있는데, 이 중 6,000개의 섬에 사람이 산다. 인구는 중국, 인도, 미국에 이어 세계에서 네 번째로 많은 나라다. 그리고 다산의 나라기 때문에 앞으로도 많아질 나라다.

법으로 6개의 종교를 인정하고 있는데, 기독교도 그중에 하나이긴 하나 이슬람교, 불교, 힌두교 등에 이어 가장 인구가 적다. 인구 2억 5,000만 명 중 80퍼센트에 가까운 인구가 무슬림이다. 하지만 머나도 섬은 특이하게도 90퍼센트의 주민이 기독교도인 곳이다. 아름다운 섬 어디를 가도 교회의 십자가가 보여, 참으로 아름다웠다. 마을의 중심은 교회로, 자연재해가 있으면 교회가 대피소가 되어 주었고, 아이들의 놀이터가 되어 주었다. 그곳에 있는 순수한 영혼을 보고는 더 열심히 교회를 지어야겠다는 결단을 하고 왔다.

우리는 천막을 치고 집회를 하는 중에 소나기를 만났다. 주변을 구분할 수 없을 정도로 억수 같은 장대비가 쏟아졌다. 열대성 스콜을 많이 보아 왔지만 그렇게 눈앞이 보이지 않을 정도로 쏟아져 내리는 비는 또 처음이었다. 아이들이 모두 천막 안으로 들어오자 천막이 비좁았다. 아이들은 의자가 모자라 시멘트 바닥에 그대로 앉아서 예배를 드리기 시작했다. 7시부터 시작된 기도와 찬양은 밤 11시가 넘어서야 끝이 났다. 그런데도 머루처럼 검고 맑은 눈동자는 흔들림이 없었다. 조는 아이도 없었고, 예배 도중 나가거나 딴짓하는 아이도 없었다. 미동도 하지 않고 하나님을 향해 간구하는 아이들의 눈빛을 보면서 큰 감동을 받았다.

죄를 용서해 달라는 기도를 할 때는 그 큰 눈에 맑은 눈물이 넘쳐 흘러내렸다. 아이들이 고백할 죄가 있다면 얼마나 있겠으며, 또 그것이 얼마나 크겠는가. 기껏해야 엄마 말을 안 들은 죄, 몰래 거짓말한 죄, 그리고 음식을 집어먹은 죄, 누군가를 때린 죄, 한두 시간 동안 누군가를 미워한 죄일 것이다. 그런데도 머루처럼 검고 맑은 눈에 눈물이 그렁그렁 고였다 쏟아졌다. 예수님의 은혜에 감동해서 그런 것이다. 나는 그 아이들을 지켜주고 싶었다. 세상에는 또 저렇게 눈이 맑은 아이들이 얼마나 많겠는가.

무지개 물고기처럼

사람은 자랑할 게 아무것도 없다. 내가 가진 소중한 것을 열심히 다 나눠 주어도 아쉬울 게 없다. 내가 가진 비늘을 다 나눠 줌으로써 바닷속의 물고기들을 행복하게 만든 무지개 물고기처럼 나눌 때 기쁨이 커진다. 교회를 짓거나 우물을 파는 것도 마찬가지다. 혼자서는 할 수 없지만, 힘을 모으면 할 수 있다. 여든이 되신 할머니가 그동안 모은 용돈 500만 원을 보낼 테니 교회를 지어달라고 한 적이 있었다. 결혼 자금을 보낸 사람도 있었다. 나는 몇 사람의 돈을 모아서 선교사님에게 전달했다.

감동은 돈의 액수가 만들지 않는다. 나는 적은 돈이 십시일반 모아져 큰일을 하는 것을 보고 감동을 했다. 복은 복을 부른다. 아니,

복을 바라고 한 일은 아니지만 복으로 돌아오는 것을 보며 더욱 감사했다. 딸의 이름으로 교회를 지었더니 속 썩이던 딸이 마음을 다잡고 대학에 갔다는 이야기, 집에 있는 3,000달러를 헌금했을 뿐인데 아파트를 사게 되었다는 이야기 같은 에피소드들은 그들의 인생에서 의미 있는 한 페이지를 장식할 뿐 아니라 주변의 많은 사람에게 전해짐으로써 더 많은 후원을 만들어 내었다.

아프리카에는 아직도 필요한 것이 많다. 아프리카에 발을 디디면 제일 먼저 눈에 들어오는 건 짙은 초록의 들판이다. 그 다음은 내 페트병을 빤히 쳐다보는 아이들이다. 아이들은 나에게 물을 다 마신 페트병을 달라고 손을 내민다.

그들에게 버려지는 것은 없다. 내가 버리는 검은 비닐봉지, 페트병마저 그들에게 가면 다 쓸모 있게 변한다. 아이들의 축구공은 실뭉치나 노끈, 종이, 비닐봉지들을 되는대로 구해서 동그랗게 뭉쳐 놓은 것이다. 이것을 어느 선교사는 아프리카의 보석이라고 썼다. 그 선교사는 아이들에게 동그란 진짜 공을 사 주기 위해서 이들의 보석공을 전시했다. 내가 마시고 버리는 페트병은 그 아이들의 샌들이 된다. 내가 주는 하찮은 물건도 보석이 되는데, 내가 마음을 다해서 주는 것은 도대체 무엇이 될까?

가나의 하늘에서 내려다본 푸른 초장은 그야말로 에덴동산이다. 지상에는 국경이 있지만 하늘에서 보면 국경이 없다. 모든 것이 공평하고 모든 것이 풍성했다. 하나님은 나무 그늘을 거닐기만 해도 먹고 살 것이 공급되게 해 놓으셨다. 아이들은 다람쥐처럼 길에 있는 우람한 바나나나 야자수에 올라가서 열매를 땄다. 부드러운 땅에서는 허벅지 굵기의 카사바가 나왔다. 흙은 검고 비옥하며, 비료를 뿌리지 않아도 농사가 잘 되었다.

그런데 아이러니하게도 그런 축복받은 곳에 사는 사람들은 가난하기 그지없다. 그들의 집은 신석기 시대에나 볼 수 있을 법한 움집 같다. 되는 대로 지어놓다 보니 삐뚤빼뚤하다. 그런 데서 온 가족이 모여 산다. 낮에 입고 있던 옷이 밤에는 이불이 된다. 커다란 냄비 하나와 숟가락 몇 개가 삶의 전부다. 그들이 이렇게 사는 이유는 어떻게 살아야 하는지 사는 법을 몰라서다. 아무리 좋은 땅이더라도 사는 법을 모르면 척박하게 살 수밖에 없다. 아프리카의 자연은 두 개의 얼굴이 있다. 모든 것이 풍족한 우기와 모든 것이 메마른 건기처럼 극단적인 모습을 가지고 있다. 지혜롭게 살기 위해서는 풍족하게 누리기만 해서는 안 된다. 건기를 견디는 지혜는 교육에서 나온다.

놀라운 것은 이런 곳에 사는 사람들도 다들 자녀를 위해서 무엇인가 하고 싶어 한다는 사실이다. 전기도 없고, 밤이 길다 보니 그야말로 아이만 숨풍숨풍 잘도 낳는다. 한둘을 잃더라도 묻고 돌아서면 그만이다. 그들은 다시 언제 아이를 잃었나 싶게 배가 불룩 불러 있다. 그렇다고 해서 모정이 부족하거나 하지 않다. 그들로서는 어떻게 하는 것이 최선인지 모를 뿐이다.

"애들을 학교로 보내세요. 학교에서 배우면, 다시 길이 열릴 겁니다. 모든 길은 다 막혀도 하늘로 날아가는 하늘 길은 안 막힙니다."

아이들은 모두 아침이면 일어나서 나무토막을 주우러 다닌다. 땔감을 주워 음식을 만들기 위해서다. 그들의 일과는 땔감을 주워서 머리에 이고 집으로 와서 밥을 해 먹고, 하루 종일 무연히 앉아서 하루를 보낸다. 그러다 보니 학교에 입학했더라도 졸업을 못 하거나 몇 년 걸려 겨우 졸업한다. 그들은 걱정도 모르지만 희망이나 꿈도 모른다. 순간순간 눈앞의 현실이 전부인 것이다.

재미있는 사실은 사람은 본 만큼 생각한다는 것이다. 조금 개화한 어머니들, 그러니까 문명의 혜택을 받은 어머니들은 이제 적극적으로 자녀를 학교에 보내고, 자녀의 미래에 대해서 고민한다. 어머니들은 자녀들이 자신들과 다른 삶, 보다 나은 삶을 살기 원한다.

하늘을 날아온 나는 그들에게는 신세계 사람이다. 상상도 하기 어려우나 자신들 앞에 와 있으니 안 믿을 수도 없는 존재다. 그들도 나의 이야기를 듣기 위해서 온다. 그리고 나의 이야기에 자극을 받아서 자녀를 위해 무엇인가 하려고 한다. 자신들과 다른 삶이 있다는 것을 안다. 나는 어머니처럼 그들에게 '열방의 어머니가 되라'는 메시지를 전한다. 아이들을 세상 밖으로 내보내면 그들 스스로 가능성을 열어 갈 것이다. 우리 아이들이 그랬듯이 말이다.

나는 그들에게 지혜를 빌려 주고 싶다는 생각을 했다. 발가벗고 뛰어다니는 아이들도 우리 아이들과 같은 아이들이다. 다만 어떤 환경에서 어떻게 놓여 있느냐에 따라 달라진 것이다. 인간의 삶을 가장 드라마틱하게 변화시키는 건 교육이다. 교육을 받은 자들은 아프리카에서도 잘살 수 있을 것이며, 그런 아이들이 아프리카의 어른들을 변화시키고, 그런 아이들이 모이면 아프리카란 대륙을 변화시킬 것이라고 생각했다. 아부가리 목사님이 열어 놓은 학교만 해도 200군데가 넘으니 나의 이런 생각이 틀리지는 않을 것이다.

'열국의 어머니가 되게 해 주세요.'

어머니는 아직도 천국에서 이런 기도를 하고 계실지도 모르겠다. 어머니의 교회에서 많은 아이들이 교육을 받으며, 열방으로 나갈 준비를 하고 있기 때문이다. 한국의 산골짜기에서 태어나 미국으로, 이제는 전 세계에 꿈의 씨앗을 심으러 다니는 나처럼, 그들도 아프리카 들판의 한 귀퉁이에서 꿈을 키워 전 세계로 나갈 것이다. 물론 이제는 어머니 대신 내가 그들이 열국의 어머니, 열국의 아버지로 세워질 것을 꿈꾸며 기도하고 있다.

EPILOGUE

최고의 선물은 꿈을 가지게 하는 것

세상의 모든 사람들이 가진 문제는 다들 비슷하다. 육체가 있기 때문에 겪어야 하는 생로병사와 부부 문제, 자녀 문제, 그리고 경제 문제에서 한 발짝도 벗어나지 않는다. 헐벗고 사는 것 같은 정글에 가도 남편에게 버림받고 아이들과 함께 남겨진 여자가 있고, 세상 밖으로 나가기 위해서 무엇을 해야 할지 모르는 젊은이들이 있다. 가나, 니카라과, 캄보디아, 인도네시아, 몽골, 시에라리온, 터키 등 인종과 나라는 다르지만 삶이 안고 있는 문제는 다를 바 없다.

거꾸로 생각하면 가진 것이 아무것도 없지만, 심지어 엄마나 아빠도 없지만 의사가 되고 싶다는 꿈을 가진 소년이 있고, 부모가 하나님을 꼭 만나게 하고 싶다는 소망을 가진 딸이 있다.

인생의 문제는 다 비슷하지만 차이가 있다면 꿈이 있고 없음의 차이다. 살다 보면 사람들은 최선을 얻지 못하고 차선으로 살게 될 때가 많다. 타고 싶은 차, 혹은 살고 싶은 아파트는 차선이어도 괜찮다. 그러나 자녀 문제에 있어서, 혹은 자신이 인생을 사는 데 있어서는 언제나 최선이어야 한다. 삶은 단 한 번밖에 기회가 없기 때문이다. 사랑하는 사람에게 줄 수 있는 최선의 선물은 꿈이다.

수많은 사람을 만나며 꿈 이야기를 하다 보니 꿈을 찾은 사람들이 속속 생겨나고 있다. 아프리카에 있는 선교사님의 두 자녀가 미국 뉴욕의 대학에 들어갔다. 큰아들은 이미 졸업했다. 선교사님이 자녀를 두고 기도하고, 꿈을 가지기 시작한 것은 내가 아프리카에 처음 갔을 때부터였다. 그때 그 선교사님의 큰아들은 고등학생이었다. 선교사님들은 나를 보고 도전받고는 자녀들을 미국에 있는 학교에 보내기 위해서 필요한 정보들을 개괄적이나마 질문했고, 이후 보다 적극적으로 찾아보기 시작했다. 장학금 정보도 하나하나 다 찾아보고 신청했다. 하고자 하면 어디든 길이 있게 마련이다.

한국의 충청도에 있는 한 교회 목사님의 아들은 이번에 스위스에 있는 대학원에 간다. 몇 년 전에 나의 자녀 교육 세미나에 참석했을 때 그는 대학생이었다. 유엔에서 일하고 싶다는 꿈을 가진 그 학생의 이야기를 듣고 나는 그 소망을 이룰 것이라는 용기를 심어 주었고, 외국의 대학원에 어떻게 지원하는지, 그 꿈을 어떻게 실현시킬 수 있는지 구체적인 조언들을 나누어 주었다. 이후 절실한 꿈을 가진 그 학생은 스스로 길을 찾아 성큼성큼 성장해 나가고 있다.

나는 국내 여러 대학에서도 강연을 했다. 내 강연을 들은 대학생들 중에는 자신이 어떻게 세상에 도전해야 할지 넓은 하늘을 발견한 것 같다고 이야기하기도 한다. 넓은 세상을 알면 알수록 보다 높게 도전할 수 있다. 수능 시험을 잘 본 덕분에 대학에는 합격했지만 자신이 어떻게 살아야 할지 모르는 학생들이 많다. 그러나 진정한 목표를 발견하게 되면 다들 도전하게 된다.

엄마들도 마찬가지다. 어떻게 키워야 할지 모른 채 자녀를 키우다가 나에게 꿈 이야기를 듣고는 적극 공감한 한 엄마가 있었다. 먼저 엄마 자신의 목표를 세워 나갔고, 자녀들도 엄마를 따라 자연스럽게 꿈을 꾸고 목표를 세워 나가고 있다.

연약했던 지난 나의 모습들을 기꺼이 나눔으로써 나는 부모와 청년들이 도전받아 변해 가는 모습을 늘 보게 된다. 이것은 그저 나만의 간증이 아니다. 이것은 당신의 간증이자, 당신 자녀의 간증이 될 수 있다. 부모가 자녀에게 할 수 있는 최고의 선물은 꿈을 갖게 하는 것임을 다시 한 번 강조하고 싶다.

그 꿈을 향해 가는 일은 도전이다. 당연히 도전에는 실패가 따를 수 있다. 또한 이 여정은 쉽지 않아 순간순간이 인내와의 싸움이 되기도 한다. 분명 장애물이 많을 것이다. 그러나 쉽게 얻어지지 않는 만큼 일을 성취했을 때의 기쁨은 100배 더 클 것이다.

때로는 도저히 넘을 수 없을 것 같은 높은 산을 만날 것이다. 때로는 도저히 헤쳐 나갈 수 없는 늪에 빠진 것 같은 절망감을 느낄 것이다. 그러나 그때도 할 수 있다는 꿈만은 버리지 않길 바란다. 그리고 무엇보다 당신을 도우시는 인자하신 하나님의 손을 꼭 붙잡길 바란다. 항상 더 좋은 것을 주시는 하나님께서 결국 당신의 모든 꿈들을 아름답게 완성시켜 주실 것임을 믿기 때문이다.

꿈꾸는 엄마가 기적을 만든다

1판 1쇄 2014년 11월 1일 발행
1판 17쇄 2024년 11월 1일 발행

지은이 · 황경애
펴낸이 · 김정주
펴낸곳 · ㈜대성 Korea.com
본부장 · 김은경
기획편집 · 이향숙, 김현경
디자인 · 문 용
영업마케팅 · 조남웅
경영지원 · 공유정, 임유진

등록 · 제300-2003-82호
주소 · 서울시 용산구 후암로 57길 57 (동자동) ㈜대성
대표전화 · (02) 6959-3140 | 팩스 · (02) 6959-3144
홈페이지 · www.daesungbook.com | 전자우편 · daesungbooks@korea.com

ISBN 978-89-97396-46-7 (03370)
이 책의 가격은 뒤표지에 있습니다.

Korea.com은 ㈜대성에서 펴내는 종합출판브랜드입니다.
잘못 만들어진 책은 구입하신 곳에서 바꾸어 드립니다.